a cura di Christopher Humphris

creato da
Anita Lorenzotti
Antonella Mele
Chiara Cacchione
Filomena Anzivino
Francesca Granone
Gianna De Bartolomeo
Giuliano Padroni
Katia D'Angelo
M. Letizia D'Amico
Luisa Guerrini
Rita Luzi Catizone
Roberto Aiello
Susanna Andrei
Uli Bechtloff
Vittoria Gallo

Direzione editoriale: **Ciro Massimo Naddeo**
Redazione: **Marco Dominici**, **Carlo Guastalla**, **Euridice Orlandino** e **Chiara Sandri**
Progetto grafico e impaginazione: **Andrea Caponecchia**
Copertina: **Lucia Cesarone**

© 2013 Alma Edizioni
Printed in Italy
ISBN: 9788861823013
Prima edizione: **aprile 2013**

Alma Edizioni
Viale dei Cadorna, 44
Tel +39 055 476644
Fax +39 055 473531

alma@almaedizioni.it
www.almaedizioni.it

L'Editore è a disposizione degli aventi diritto per eventuali mancanze o inesattezze.
I diritti di traduzione, di memorizzazione elettronica, di riproduzione e di adattamento totale o parziale, con qualsiasi mezzo (compresi i microfilm e le copie fotostatiche), sono riservati per tutti i paesi.

prefazione

Caro/a collega,
l'idea di questo libro non è solo quella di fornirti 21 attività per rendere più vario il tuo insegnamento ma, come suggerisce il titolo, anche quella di far muovere fisicamente gli studenti, nella convinzione che questo abbia un effetto positivo sul loro processo di apprendimento. Ma non finisce qui! C'è un altro obiettivo più ambizioso: quando svolgerai in classe una delle nostre proposte, non avrai imparato solamente un'attività, bensì una procedura complessa che potrai utilizzare tantissime altre volte in futuro, anche con la stessa classe. Ripetere la stessa procedura non stancherà gli studenti, perché ogni volta che verrà applicata, il contenuto linguistico sarà diverso.

Le attività proposte sono il frutto di numerose sperimentazioni fatte alla Dilit International House, Roma, scuola di lingue frequentata da persone provenienti da tutto il mondo. Gli autori di questo libro sono - o sono stati - tutti insegnanti di questa scuola nella quale la ricerca-azione, la sperimentazione, l'aggiornamento continuo del corpo docente fanno parte della quotidianità.

In altri termini, le procedure contenute in questo libro sono garantite: funzionano, raggiungono obiettivi validissimi e soprattutto piacciono molto agli studenti.

Come usare il libro
Nell'indice vedrai quali attività sono adatte al livello e alla tipologia della tua classe e quanto tempo ci vuole per svolgerle (possono concludersi nell'ambito di una sola lezione o proseguire fase dopo fase per diverse lezioni). Ogni attività è a se stante: in un corso è possibile proporne una sola, diverse, o tutte... e in qualsiasi ordine. Per alcune attività ci sono delle pagine da fotocopiare o da stampare dopo averle scaricate dal sito internet *www.almaedizioni.it/movimente*. Altrimenti, a parte le forbici, il nastro adesivo, una lavagna e qualche altra cosa che si trova normalmente in ogni classe, non c'è bisogno di altro. Tutte le attività possono essere svolte in qualsiasi scuola; basta che far muovere gli studenti non sia proprio vietato!

Ogni scheda contiene tutte le istruzioni necessarie per la gestione di ogni parte dell'attività. La precisione di tali istruzioni non deve scoraggiarti: garantisce la buona riuscita dell'attività. Il nostro consiglio è di seguire le nostre istruzioni scrupolosamente almeno la prima volta. Le volte successive sarai in grado di valutare eventuali variazioni.

Per la maggior parte delle attività è inoltre disponibile sul sito *www.almaedizioni.it/movimente* un **video d'esempio** che mostra come svolgere praticamente le varie fasi in classe.

Buon divertimento!
Christopher Humphris

introduzione

La scelta di proporre le attività di *MoviMENTE* consente di:
- esercitare tutte le abilità (scrivere, lavorare su aspetti grammaticali, leggere, ascoltare e soprattutto parlare);
- rompere la routine della lezione convenzionale, catturando l'interesse degli studenti;
- coinvolgere le emozioni degli studenti permettendogli di affrontare le loro frustrazioni e di sdrammatizzare i loro sforzi e le loro difficoltà;
- dare agli studenti un'idea piacevole e divertente dello studio e creare in classe un'atmosfera in cui si sentano a proprio agio;
- rendere gli studenti protagonisti del processo del loro apprendimento.

Per quanto riguarda i giochi di squadra
Il processo di apprendimento è un viaggio che va da ciò che è noto e conosciuto verso ciò che è sconosciuto. Per questo motivo è normale che il "viaggiatore" provi anche una certa dose di ansia, preoccupazione e fatica. Il gioco, invece, per sua intrinseca natura, permette di porre lo studente in un ambiente di apprendimento in cui la piacevolezza dell'esperienza lo porta a dimenticare di essere in classe. Infatti, la dimensione ludica porta alla riflessione linguistica, contribuisce allo sviluppo delle abilità comunicative e consolida le competenze grammaticali e lessicali senza fatica.

La lingua, come si sa, non è solo un sistema di regole ma strumento per comunicare, socializzare, crescere e l'apprendimento procede più facilmente in un ambiente sereno che faciliti e promuova le relazioni interpersonali.

Il fatto di far parte di una squadra stimola la cooperazione ma la componente competitiva e la necessità di aggiudicarsi dei punti spingono gli studenti a negoziare i significati, a proporre e difendere le proprie idee, a smontare quelle che non condividono, a convincere e controbattere con passione, senza neppure accorgersene. Responsabilità di squadra, quindi, ma anche responsabilità del singolo individuo che, pur facendo parte di un gruppo, ha un ruolo preciso e individualizzato. Tutti questi aspetti hanno anche il pregio di stimolare la motivazione ad apprendere mettendo lo studente nella condizione di percepire lo studio come una sorta di esplorazione e di scoperta in una dimensione collettiva e solidaristica.

E per quanto riguarda il teatro
Proporre il teatro in classe mette in campo più abilità e interviene su più aspetti: linguistico, formativo e psicologico:
- permette di entrare più in profondità nella lingua in quanto la riflessione sulla fonologia e prosodia, sugli aspetti paralinguistici, sull'espressività mimico-gestuale, sulla combinazione *parlato-pause-agito* è strumentale alla rappresentazione. Inoltre consente di portare avanti la riflessione interculturale su aspetti non irrilevanti dal punto di vista comunicativo.
- Dal punto di vista formativo il prezioso contributo che può dare è alla formazione del gruppo che lavora su obiettivi comuni e alla risoluzione di problemi.
- Il lavoro didattico sul teatro attiva benefici processi psicologici: crea un forte coinvolgimento emotivo, permettendo anche agli apprendenti più timidi di acquisire autostima e sicurezza. L'esperienza in classe induce gli apprendenti a "mettersi in gioco" e facilita l'atteggiamento del "provare a rischiare", fondamentale nell'apprendimento di una lingua.

indice

pag.	titolo	per tutti i livelli?	materiali fotocopiabili per i livelli…	tempo	competenze esercitate e/o scopi didattici
8	*1. caccia al libro* gioco individuale per sviluppare l'abilità nella lettura	eccetto A1	A2	1 ora	comprensione scritta
19	*2. canzone drammatizzata* attività per drammatizzare una canzone	sì	A1, B1	1 ora e 20 min	comprensione orale e scritta, lessico-grammatica, gestualità
28	*3. cercasi l'altra metà* gara a squadre per ricostruire parti di un testo scritto	sì	B1	2 ore	analisi morfosintattica e testuale
32	*4. chi non rischia non rosica* gara a squadre per correggere errori in un testo scritto	sì	A2	40 min	analisi morfosintattica
37	*5. chi più ne "sa" più ne metta!* gara a squadre per analizzare un testo scritto	sì	A2, B1, B2	30 min	analisi lessicale, morfosintattica, funzionale
48	*6. cinema allo specchio* attività per analizzare ed esercitare il linguaggio non-verbale	sì	-	40 min	analisi cinesica e prossemica; improvvisazione orale
52	*7. cloze in movimento* gara a squadre per completare un testo scritto	sì	B1	30 min	riflessione grammaticale
55	*8. dal testo al palcoscenico* creazione di un testo teatrale partendo da un testo scritto e messa in scena	eccetto A1	A2, B1	6 ore	comprensione e produzione libera scritta, analisi fonologica
61	*9. espressioni che prendono vita* gara a squadre per analizzare figure retoriche	eccetto A1, A2	B2	1 ora e 30 min	comprensione lessicale: metafora e similitudine
66	*10. gli intrusi* gara a squadre per "restaurare" un testo incoerente	sì	B2	40 min	analisi della coerenza testuale

indice

pag.	titolo	per tutti i livelli?	materiali fotocopiabili per i livelli...	tempo	competenze esercitate e/o scopi didattici
82	**11. guida pratica della città** *attività per reperire informazioni in giro per la città*	eccetto A1	-	4 ore e 30 min	interazione orale libera; produzione libera scritta
87	**12. il mercatino dell'artigianato** *progettazione e realizzazione di un oggetto da vendere*	eccetto A1	-	3 ore	produzione libera orale e scritta
92	**13. incorporare un dialogo** *attività per mettere in scena un dialogo*	sì	-	1 ora 20	analisi fonologica; scorrevolezza
98	**14. la staffetta analitica** *gara a squadre per analizzare un testo scritto*	sì	A2	30 min	analisi lessicale e morfologica
104	**15. la voce incorporata** *creazione di un testo teatrale partendo da un testo scritto e messa in scena*	eccetto A1, A2	C1	2 ore	produzione controllata orale; fonologia; lessico
111	**16. mimo racconta** *creazione di narrazione orale a partire dal mimo del compagno*	eccetto A1	-	1 ora	riflessione metalinguistica e produzione controllata orale
117	**17. prendere e lasciare** *gara a squadre per ricostruire parti di un testo scritto o orale*	sì	B1	45 min	analisi morfosintattica e testuale
124	**18. quiz giornalistico** *gara a squadre sulla comprensione delle notizie del giornale*	eccetto A1	-	1 ora e 15 min	comprensione e analisi scritta
128	**19. scene da un matrimonio** *creazione di un testo teatrale partendo da un testo scritto e messa in scena*	eccetto A1	B2	6 ore	comprensione scritta, lessico
133	**20. taglia e cuci** *gara a squadre per ricostruire un testo orale o scritto*	sì	-	45 min	riflessione metalinguistica
140	**21. vuota il sacco!** *caccia al tesoro a squadre*	eccetto A1	-	1 ora	produzione libera orale

1 caccia al libro

di che si tratta	*gioco individuale per sviluppare l'abilità nella lettura* L'obiettivo del gioco è quello di riconoscere, per ogni pagina data, il romanzo da cui è tratta. Ad ogni giocatore viene fornita all'inizio solo una "traccia", la fotocopia della copertina, e il suo compito è quello di trovare tutte le altre pagine fotocopiate dallo stesso libro, pagine che però sono sparse nei diversi angoli della classe. Una caccia al tesoro in cui l'abilità in gioco è leggere.
competenze esercitate e scopi didattici	comprensione scritta
livello	da A2 a C2 (allegato fornito per la variante per il livello A2)[1]
durata	circa un'ora
materiale	• 5 romanzi italiani
organizzazione dello spazio	L'aula va sgomberata da qualsiasi elemento che possa ostacolare il movimento degli studenti (sedie in eccesso, zaini, ecc.). In presenza di banchi si consiglia di disporli lungo le pareti in modo da creare un'area centrale quanto più ampia possibile, all'interno della quale stanno gli studenti. Ci sono i necessari punti di appoggio (A) al centro della classe.

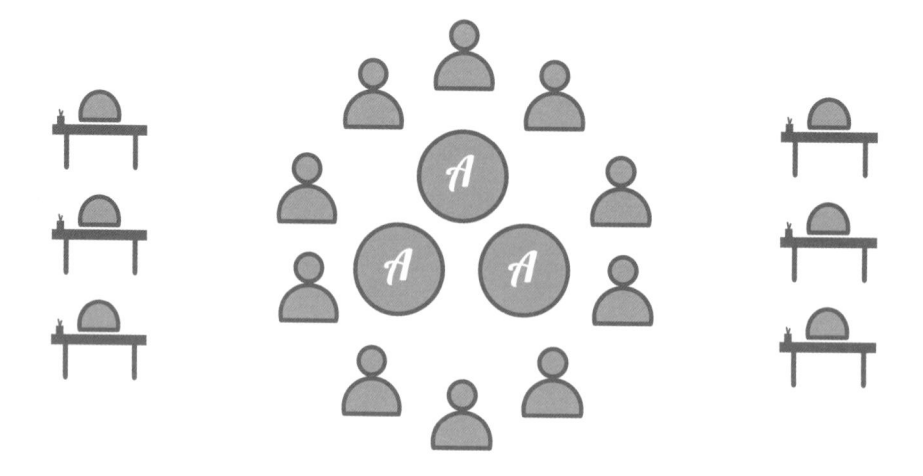

[1] *"Romolo e Remo"*, da *"Romolo e Remo e altre storie"* di Giovanni Nucci, serie Banane Oro, Mondadori, 1999; illustrazioni di Antongionata Ferrari

preparazione	• selezionare 5 romanzi[2];
	• fotocopiare per ogni romanzo le seguenti parti: copertina/le prime 3 o 4 pagine spillate insieme/altre 3 o 4 pagine consecutive tra quelle centrali spillate insieme/quarta di copertina/note biografiche sull'autore, facendo attenzione a eliminare ogni elemento che riconduca al titolo del romanzo;
	• preparare delle buste (moltiplicando per 5 il numero degli studenti. Per esempio in una classe di 6 studenti saranno necessarie 30 buste) in 5 colori differenti;
	• inserire le fotocopie delle copertine nelle buste (le buste di uno stesso colore contengono la stessa copertina).

svolgimento

1. Descrivere il gioco agli studenti: *Dovrete ricomporre dei romanzi, chi finisce per primo vince la possibilità di rileggere con calma il "romanzo" che preferisce.*
2. Disporre le fotocopie delle varie parti dei romanzi, tranne le copertine, sui punti di appoggio al centro della classe, raggruppate per tipologia (per esempio su un tavolo ci saranno le prime pagine, su un altro le pagine centrali o le quarte di copertina o le note biografiche sull'autore).
3. Consegnare ad ogni studente una busta di colore diverso (dal sesto studente in poi distribuire le buste rispettando l'ordine dei colori, in modo che gli studenti seduti vicini non debbano cercare contemporaneamente le stesse pagine).
4. Comunicare agli studenti che durante il gioco:
   • dovranno lasciare sulla propria sedia la busta contenente la copertina;
   • potranno prendere le pagine di una sola categoria (prime pagine/pagine centrali/quarta di copertina/note biografiche) per volta;
   • se le pagine selezionate non vanno bene gli studenti dovranno riportarle al loro posto prima di effettuare un'altra scelta;
   • potranno chiedere chiarimenti lessicali durante ogni fase dell'attività.
5. Dare il via al gioco. Gli studenti si alzano e, lasciando la busta al proprio posto, cominciano a cercare.
6. Ogni volta che uno studente dichiara di aver ricomposto un libro (avendo messo tutte le parti nella busta), ritirare la busta, senza controllarne il contenuto, sistemarla al posto dello studente e dare un'altra busta contenente un'altra copertina, facendo attenzione a variare i colori delle buste per non creare "ingorghi".
7. Se uno studente si rende conto di aver fatto un errore in una busta completata in precedenza può riaprirla per effettuare le eventuali modifiche, ma dovrà riportare a posto la parte presa per errore.
8. Quando uno studente dichiara di aver finito, controllare le buste e, se sono ben ricomposte, dichiarare lo studente vincitore (il premio è poter leggere liberamente le pagine "preferite" mentre gli altri studenti portano a termine il gioco); se invece ci sono degli errori: ritirare le buste, ridistribuire le fotocopie nei rispettivi angoli (per categorie) e riconsegnare allo studente una copertina per volta perché ricominci il gioco.
9. Il gioco termina quando il vincitore ha finito di leggere le pagine "preferite"[3].

---

[2] Per un livello B2 proponiamo i seguenti titoli: *"Io non ho paura"*, di N. Ammaniti, Einaudi, 2001; *"La lunga vita di Marianna Ucrìa"*, di D. Maraini, Rizzoli, 1990; *"Non ti muovere"*, di M. Mazzantini, Mondadori, 2001; *"Una bambina e basta"*, di L. Levi, e/o, 1997. Per un livello più alto possono essere utilizzati anche i classici.

[3] Il gioco si presta ad essere svolto ogni volta in modo diverso, a seconda che si vogliano presentare diverse opere di uno stesso autore, libri diversi ma di uno stesso genere letterario o testi completamente diversi l'uno dall'altro. Il gioco potrà servire da introduzione ad una lezione su un periodo della storia della letteratura italiana o essere fine a se stesso. Comunque, lo studente dovrà andare in libreria se vorrà conoscere il seguito delle pagine che gli sono piaciute di più.

svolgimento

variante - ricomporre un racconto

1. Selezionare un racconto e separarlo in paragrafi. Ad ogni inizio pagina deve corrispondere un inizio capoverso. (L'esempio fornito in allegato, come nella maggior parte dei racconti per bambini, si presenta già in questa forma. Va bene per il livello A2.)
2. Fare di ogni pagina tante fotocopie quanti sono gli studenti.
3. Consegnare a ciascuno studente una copia di una delle pagine del racconto, l'unica contrassegnata dal numero (tutti gli studenti ricevono la stessa pagina. Nell'esempio fornito in allegato si tratta della pagina 5).
4. Distribuire le altre pagine in angoli diversi della classe.
5. Dire agli studenti che dovranno alzarsi e cercare tutte le altre pagine (una ad una), sparse per la classe, e decidere se vanno prima o dopo quella che hanno ricevuto.
6. Spiegare agli studenti che:
   - possono prendere una pagina per volta;
   - possono chiedere chiarimenti lessicali in ogni fase dell'attività all'insegnante che rimarrà fermo in un angolo.
7. Quando uno studente dichiara di aver ricomposto il racconto, lo deve portare all'insegnante, che verifica l'ordine delle pagine. Se la sequenza non è corretta, rimettere le fotocopie "sbagliate" nei rispettivi angoli e invitare lo studente a ricominciare. Se la sequenza è corretta, lo studente "vince" il tempo di leggere distesamente tutto il testo in ordine, finalmente fermo[4].

perché proporre un gioco di lettura veloce?

La lettura in lingua 2, a nostro parere, dovrebbe essere il più possibile libera e piacevole. Ad ogni lettore dovrebbe essere pienamente riconosciuto il diritto di divertirsi, di leggere non per forza cose serie, di non dover capire tutto, nonché il diritto di avvicinarsi anche alla letteratura considerata "bassa" ma magari ricca di quei costrutti tipici del parlato altrimenti difficili da cogliere. Ogni studente dovrebbe poter scegliere le proprie letture a seconda dei propri gusti letterari, scoprendo così di poter essere un lettore già consapevole, già capace di districarsi nell'intreccio di un giallo, nell'argomentare di un saggio storico o nelle metafore di una cronaca sportiva, nonostante la non perfetta conoscenza della lingua studiata. L'essere liberi da richieste venute dall'alto permetterà allo studente la "scoperta" spontanea di elementi nuovi e contenuti interessanti.

Spesso, però, nelle nostre classi ci si avvicina ad un testo scritto solo per l'analisi che se ne potrà fare (il cui focus viene scelto dall'insegnante) o per quanto ci si aspetta che venga acquisito dagli studenti. Non ci stupisca, allora, il fatto che i nostri studenti abbiano perso il piacere della lettura e non siano consapevoli nemmeno di poter leggere, pur essendo magari già arrivati ad un buon livello.

Leggere può non essere naturale, per molti non lo è nemmeno nella propria lingua madre. Eppure si tratta di un'abilità molto importante nel processo di apprendimento di una lingua proprio per il lavoro di completamento che siamo chiamati a fare, colmando le lacune tra le informazioni note e quelle che ci giungono nuove. Una parola nuova ci sarà improvvisamente più chiara se possiamo coglierla nel suo contesto e se poi abbiamo la possibilità di incontrarla diverse volte, riusciremo ulteriormente a metterne a fuoco il significato nelle sue diverse sfumature, fissandolo nella nostra memoria; lo stesso avviene se anziché in un elemento lessicale, ci si imbatte in una nuova struttura sintattica o in un costrutto grammaticale. Certo la lettura da sola non può bastare e non è detto che si abbia la capacità di utilizzare subito quanto si scopre: a volte può passare molto tempo e devono avvenire molti "incontri" prima che un termine possa entrare nel nostro lessico.

---

[4]La stessa attività è stata sperimentata ad un livello **B1** utilizzando il racconto di U. Eco *"Gli gnomi di Gnù"*, Bompiani, 1992, il cui testo è più lungo e complesso.

"Romolo e Remo"

allegato 1 • livello A2

da *"Romolo e Remo e altre storie"* di Giovanni Nucci, serie Banane Oro, Mondadori, 1999

Proco, discendente di Ascanio e di Enea, era il vecchio, vecchissimo re di Albalonga, e in punto di morte lasciò il regno al suo figlio più grande, che si chiamava Numintore. Ma Numintore aveva un fratello di nome Amulio, cattivo come pochi, che gli rubò il trono, uccise tutti i suoi figli maschi e costrinse Rea Silvia, l'unica figlia femmina, a diventare sacerdotessa, in modo che non potesse sposarsi né avere figli.

Così nessun discendente di Numintore avrebbe potuto pretendere la corona.
Un giorno, però, il dio Marte e Rea Silvia si videro per caso e si innamorarono, tanto che nove mesi dopo lei ebbe due gemelli forti e robusti come il padre.

"Romolo e Remo"

da *"Romolo e Remo e altre storie"* di Giovanni Nucci, serie Banane Oro, Mondadori, 1999

livello A2 • allegato 1

Appena Amulio lo seppe fece chiudere in prigione Rea Silvia e ordinò che i gemelli fossero messi in una cesta e gettati nel Tevere, perché a corrente li trascinasse chissà dove: in fondo erano sempre figli di un dio, e nemmeno un tipo senza scrupoli come Amulio aveva il coraggio di ucciderli.

Ma proprio in quei giorni il Tevere era straripato, e quando le acque del fiume si ritirarono la cesta si incagliò tra i cespugli, sotto il colle Palatino.

Marte, che osservava i suoi figli da lontano, fece in modo che una lupa trovasse i due bambini; l'animale aveva avuto i cuccioli da poco, così adottò i gemelli, li allattò e li riscaldò finché, poco tempo dopo, un pastore di nome Faustolo passò da quelle parti e se li portò a casa.

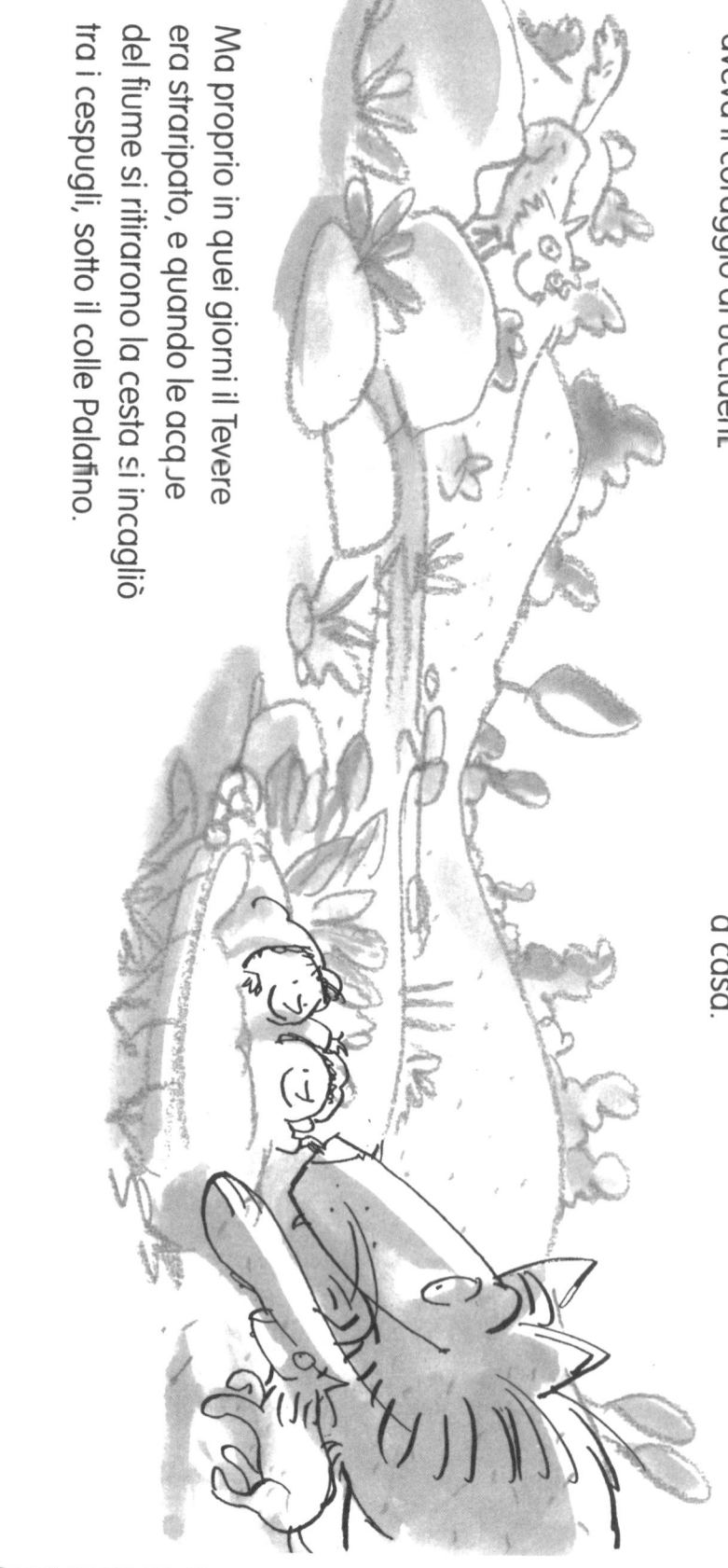

"Romolo e Remo"

allegato 1 • livello A2

da *"Romolo e Remo e altre storie"* di Giovanni Nucci, serie Banane Oro, Mondadori, 1999

Il pastore chiamò i suoi
figli adottivi Romolo
e Remo e li allevò
con amore, finché
diventarono due
ragazzoni alti così.
Allora li prese da parte
e disse:
«Figli miei, io non sono
il vostro vero padre.
Vi ho trovati ancora
piccoli tra i cespugli
ai piedi del Palatino,
dove una lupa vi aveva
sfamati col suo latte.
Dopo avervi presi
con me ho saputo
che re Amulio aveva fatto
gettare nel Tevere i nipoti
di suo fratello Numintore,
e ho capito che quei bambini
dovevate essere proprio voi.

"Romolo e Remo"

da *"Romolo e Remo e altre storie"* di Giovanni Nucci, serie Banane Oro, Mondadori, 1999

«Se ho aspettato tutti questi anni per dirvi la verità, è perché volevo vedervi crescere sereni. Ma ora che siete grandi è giusto che lo sappiate: siete nipoti di un re e figli del dio Marte.»

Romolo e Remo non ci pensarono due volte: per prima cosa radunarono tutti i loro amici e marciarono verso Albalonga, decisi a vendicare il nonno. Remo e i suoi riuscirono a entrare nel palazzo di Amulio, ma furono catturati e imprigionati.

"Romolo e Remo"

allegato 1 • livello A2

da *"Romolo e Remo e altre storie"* di Giovanni Nucci, serie Banane Oro, Mondadori, 1999

E Remo stava per essere ucciso, quando
Romolo arrivò con le sue truppe
e lo liberò, uccidendo il perfido re.
Poi i gemelli restituirono il trono
a Numitore, liberarono la madre Rea
Silvia e decisero di fondare una città
tutta loro, proprio sul colle dove la lupa
li aveva allattati.

5

Così tornarono indietro e chiesero
consiglio a un indovino, per sapere
a quale dei due toccava dare il nome
alla città e diventare re.
E l'indovino rispose che Romolo doveva
andare in cima al Palatino, mentre Remo
si sarebbe arrampicato sull'Aventino.
Da lassù avrebbero guardato
attentamente il cielo, studiando il volo
degli uccelli per capire cos'avevano
deciso gli dèi.

"Romolo e Remo"

da *"Romolo e Remo e altre storie"* di Giovanni Nucci, serie Banane Oro, Mondadori, 1999

Remo fu il primo a vedere un gran numero di uccelli: sei avvoltoi dalle grandi ali, che volavano proprio sopra la sua testa.

Ma poco dopo Romolo vide dodici avvoltoi, e a quel punto i gemelli cominciarono a litigare.
«Sono stato io a vedere gli uccelli per primo» diceva Remo «quindi la nuova città porterà il mio nome.»

«Certo» rispondeva Romolo «ma erano solo sei, mentre io ne ho visti dodici! Quindi il re della nuova città sarò io, e la chiamerò Roma. Gli dèi hanno parlato chiaro!» Poi prese un bastone e disegnò un grande quadrato per terra, dicendo: «Ecco i confini della mia città. Nessuno dovrà superarli senza il mio permesso.»

"Romolo e Remo"

allegato 1 • livello A2

da *"Romolo e Remo e altre storie"* di Giovanni Nucci, serie Banane Oro, Mondadori, 1999

Remo, furibondo,
si precipitò
a calpestare
la linea tracciata
dal fratello,
e Romolo tirò fuori
la spada e lo uccise,
gridando:

«Te l'avevo detto,
e adesso lo ripeto:
chi passerà lo confine
senza chiedermi
il permesso morirà!»
Solo più tardi, passata
l'arrabbiatura, Romolo
si rese conto di aver
fatto una cosa terribile
e seppellì Remo
con tutti gli onori,
proprio sulla cima
dell'Aventino.
Ma era talmente
triste che quasi quasi
non aveva più voglia
di essere il primo re
di Roma.

"Romolo e Remo"

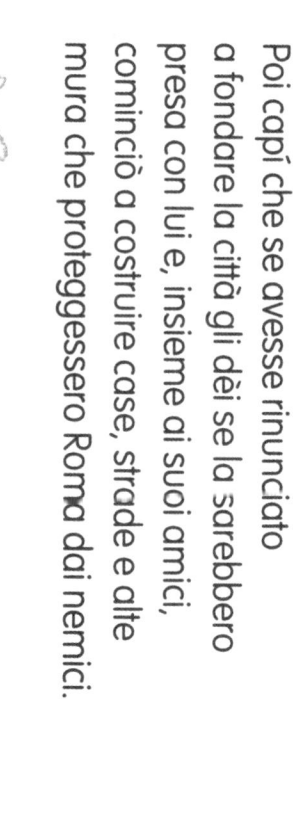

da *"Romolo e Remo e altre storie"* di Giovanni Nucci, serie Banane Oro, Mondadori, 1999

livello A2 • allegato 1

Poi capì che se avesse rinunciato a fondare la città gli dèi se la sarebbero presa con lui e, insieme ai suoi amici, cominciò a costruire case, strade e alte mura che proteggessero Roma dai nemici.

Romolo governò con saggezza, aiutato da cento senatori.
E la sua città diventò davvero la più bella e grande di tutto il mondo antico, capitale di un immenso impero.

2 canzone drammatizzata

di che si tratta	*attività per drammatizzare una canzone* Gli studenti "danno corpo" ad una canzone cantandola e rappresentandola fisicamente dopo averne elaborato mimicamente il testo.
competenze esercitate e scopi didattici	comprensione orale e scritta lessico-grammatica gestualità
livello	tutti: da A1 a C2 (allegati forniti per i livelli A1 e B1)
durata	circa un'ora e 20 minuti
materiale	• una canzone • lettore audio e casse • cartoncini colorati • colla • forbici • pennarelli
organizzazione dello spazio	Disporre gli studenti in cerchio intorno alla cassa audio.
preparazione	• selezionare una canzone • scaricare il testo da internet o trascriverlo al computer • preparare una versione del testo priva di alcune parti • fotocopiare l'allegato 5 (fronte/retro) su cartoncini colorati • ritagliare i bigliettini, scrivere il numero dei gruppi e inserirli in una busta (ogni gruppo deve essere composto da un regista e da due, o più, attori fino ad un numero massimo di cinque componenti)

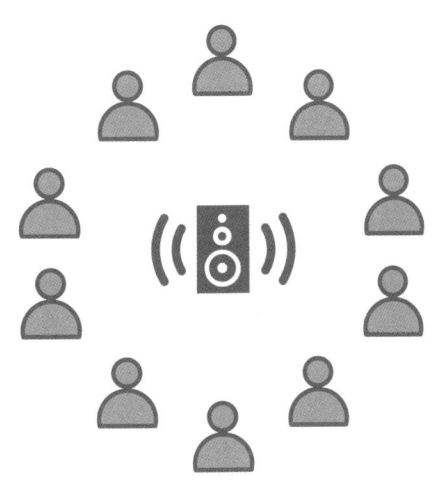

svolgimento

attività propedeutica (circa 45 minuti)

1. Disporre gli studenti in cerchio intorno alla cassa audio.
2. Distribuire il testo incompleto della canzone (vedi allegati).
3. Dire agli studenti che dovranno ascoltare la canzone una volta seguendone il testo.
4. Far ascoltare la canzone per tre volte di seguito chiedendo agli studenti di provare a completarne il testo.
5. Chiedere poi agli studenti di rileggere il testo per verificarne la logica testuale[1] e grammaticale.
6. Far ascoltare ancora una volta la canzone.
7. Creare coppie di studenti e invitarli a sedersi l'uno di fianco all'altro.
8. Invitare gli studenti a confrontarsi sulle parti del testo che hanno provato a completare, ricordandogli di:
   - riflettere su ciò che hanno scritto entrambi;
   - aggiungere sul proprio testo, se logicamente, grammaticalmente e ortograficamente corretto, quello che ha scritto il compagno per poterlo verificare nei successivi ascolti[2];
   - lavorare insieme utilizzando, se necessario, il dizionario e la grammatica;
   - rivolgersi all'insegnante per eventuali dubbi linguistici.
9. Far ascoltare ancora una volta la canzone chiedendo agli studenti di verificare il testo inserito.
10. Invitare gli studenti a confrontarsi ancora con il proprio compagno.
11. Creare nuove coppie e proporre un nuovo confronto sul testo.
12. Concludere l'attività seguendo una delle due varianti seguenti:

A
Far riascoltare la canzone strofa per strofa dicendo agli studenti che, se necessario, possono ascoltare anche le singole parole. Fornire la soluzione quando opportuno.

B
Risolvere gli eventuali dubbi rimanenti sul lessico e la grammatica relativi al testo della canzone.
Distribuire il testo completo[3] della canzone come verifica.

variante dell'attività propedeutica

Con le classi dal livello B1 in poi è possibile far lavorare gli studenti senza testo scritto o con parti mancanti per intero (vedi allegato 4). In tal caso i primi tre punti dell'attività vanno svolti senza il testo scritto.

---

[1] In questa fase lo studente è impegnato anche ad assegnare un significato a parole non conosciute. Questo è il primo momento della fase lessicale di questo lavoro in cui lo studente da solo formula le ipotesi esplorando il contesto linguistico nel quale le parole si trovano.
[2] Non si deve dimenticare che, durante il confronto, gli studenti dovranno negoziare significati e saranno inoltre obbligati dal lavoro stesso a fare ipotesi sulla logica testuale e grammaticale.
[3] I testi delle canzoni in allegato sono disponibili all'indirizzo *www.almaedizioni.it/movimente*.

b) attività di drammatizzazione (circa 35 minuti) — *svolgimento*

1. Chiedere agli studenti di rileggere il testo completo e risolvere gli eventuali dubbi rimanenti sul lessico e la grammatica.
2. Chiedere agli studenti di spostare sedie e banchi vicino alle pareti in modo da creare spazio nell'area centrale della classe. Gli studenti dovranno rimanere in piedi.
3. Chiedere a ciascuno studente di pescare un bigliettino dalla busta. Su ogni bigliettino è indicato il ruolo dello studente (R= regista/A=attore) e il numero del gruppo di cui farà parte.
4. Chiedere agli studenti di creare i gruppi in base al numero sul proprio bigliettino e disporre poi i gruppi[4] a distanza l'uno dall'altro, nei limiti dello spazio a disposizione.
5. Spiegare agli studenti che dovranno drammatizzare la canzone che hanno ascoltato, cioè "dare corpo" al testo, utilizzando il corpo, la gestualità e la mimica facciale.
   Chiarire che l'obiettivo della drammatizzazione è rendere il testo comprensibile a chi non lo conosce e/o non ne comprende il significato. Dare un esempio di drammatizzazione (nella canzone ***Arriverà***, allegato 1, mimare "pioggia").
6. Descrivere nel dettaglio ciò che dovranno fare regista e attori:
   "Il regista deve assegnare le diverse parti agli attori e, seguendo il testo della canzone, dire come si dovranno muovere nello spazio, che cosa dovranno mimare e come e quali espressioni del volto dovranno avere. Può inoltre utilizzare tutto ciò che è in classe (compresi cartoncini, pennarelli, colla e forbici) per ricreare l'ambiente o gli ambienti in cui si svolgono le scene.
   Gli attori devono ascoltare ed eseguire le indicazioni del regista, apportando naturalmente il proprio contributo, e rappresentando fisicamente quello che è scritto nel testo."
7. Dire agli studenti che:
   - avranno a disposizione 25 minuti per preparare la drammatizzazione;
   - potranno riascoltare la canzone tutte le volte che vorranno;
   - potranno chiedere chiarimenti per risolvere ogni eventuale dubbio.
8. Dare il via al lavoro di drammatizzazione.
9. Tenere sotto controllo il tempo e, trascorsi i primi 10 minuti, comunicare il passare del tempo ogni 5 minuti.
10. Procedere con la messa in scena. Ogni gruppo presenta la propria drammatizzazione (accompagnata dal brano audio) davanti alla classe[5].

---

[4] A seconda del numero totale degli studenti ci saranno tante R quanti i gruppi che si vorranno formare. Per esempio: abbiamo 15 studenti, il testo della canzone prevede 4/5 attori, avremo quindi 3 gruppi formati da un regista (R) che può interpretare una piccola parte marginale e quattro attori (A) protagonisti.
[5] È importante che i vari gruppi siano applauditi con entusiasmo e che sia sottolineata la bravura dei vari registi per il compito molto importante che hanno svolto.

svolgimento

variante dell'attività

Se il tempo a disposizione fosse poco, è possibile dividere il numero delle strofe della canzone per gruppi formati da massimo 3 studenti (per esempio se la canzone fosse composta da 4 strofe e gli studenti fossero 12, si potrebbero formare 4 gruppi, ciascuno composto da 3 studenti), che, autogestendosi, dovranno lavorare esclusivamente sulla strofa a loro assegnata. Dopo aver dato un tempo congruo per la preparazione della drammatizzazione sarà necessario coordinare la prova con i vari gruppi insieme[6].

Il ritornello può essere la parte in comune ai vari gruppi. Questa modalità dell'attività potrebbe avere come conclusione una rappresentazione "pubblica", magari durante una festa organizzata dalla scuola.

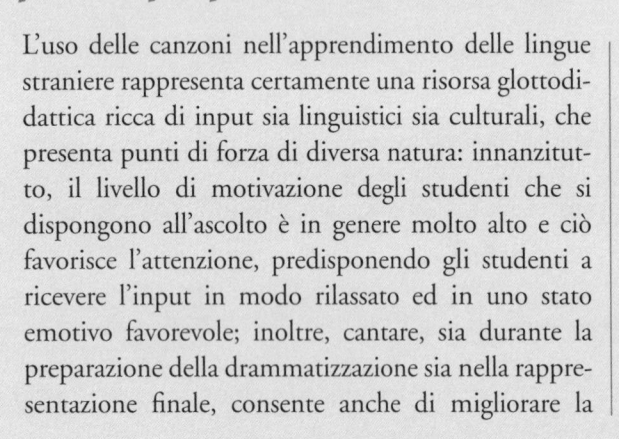

perché proporre una canzone?

L'uso delle canzoni nell'apprendimento delle lingue straniere rappresenta certamente una risorsa glottodidattica ricca di input sia linguistici sia culturali, che presenta punti di forza di diversa natura: innanzitutto, il livello di motivazione degli studenti che si dispongono all'ascolto è in genere molto alto e ciò favorisce l'attenzione, predisponendo gli studenti a ricevere l'input in modo rilassato ed in uno stato emotivo favorevole; inoltre, cantare, sia durante la preparazione della drammatizzazione sia nella rappresentazione finale, consente anche di migliorare la pronuncia, e il dover rispettare il ritmo obbliga gli studenti ad articolare le parole e le frasi ad una velocità che non utilizzerebbero in altre attività di produzione orale. Le ripetizioni e i ritornelli possono inoltre favorire la fissazione di strutture morfosintattiche e la memorizzazione di nuovo lessico.

Le canzoni possono essere anche uno strumento estremamente efficace per avvicinare gli studenti alla realtà ed alla cultura della comunità linguistica di cui studiano la lingua.

---

[6] La prova può avvenire con la classe seduta in cerchio intorno alla cassa audio ed i vari gruppi che si alzano nel momento in cui parte la strofa assegnata.

allegato 1 • livello A1 — *Arriverà*
Modà (2011)

_____ pioggia tu _____ e te ne _____
come le foglie col vento d'autunno triste _____
certa che mai _____

Ma _____ il tuo cuore in un giorno d'estate rovente
in cui il sole _____
e _____ la tristezza dei pianti in sorrisi lucenti _____
e _____ del bacio più dolce e un abbraccio che ti _____

_____ una frase e una luna di quelle che poi ti _____
_____ pelle a curar le tue voglie la magia delle stelle
_____ che la vita è ingiusta e piangerai e _____ alla volta in
cui mi _____, non ti _____
Poi di colpo il buio intorno a noi
ma _____ il tuo cuore in un giorno d'estate rovente
in cui sole _____
e _____ la tristezza dei pianti in sorrisi lucenti tu _____
e _____ del bacio più dolce e un abbraccio che _____

_____ e una luna di quelle che poi _____
_____ pelle a curare le tue voglie
la magia delle stelle
la poesia della neve che cade e rumore non fa
la mia pelle a curar le tue voglie
la magia della neve che cade e rumore non fa

La Tua Ragazza Sempre

Irene Grandi (2000)

livello A1 • allegato 2

Tu credi ma non _____
cosa _____ veramente
_____
tu _____ sicuro che
sicuro ma ci pensi sempre
ma _____ andare
_____ il tuo cuore e arrivando
alle stelle
_____ quelle
nessuna _____
e _____ "ti amo" anche tu
dammi soltanto il tuo cuore
e niente di più
Tu _____ ma non sai
che _____ non me ne frega
niente
tu _____ che oramai
io sia la tua ragazza sempre
ma _____ andare
_____ il tuo cuore e arrivando
alle stelle
_____ quelle
nessuna _____
e _____ "ti amo" anche tu
_____ soltanto il tuo cuore
e niente di più

Segui il tuo cuore e _____
_____ che allora è tutto chiaro
e _____ così lontano
(lasciati andare)
e _____ che è tutto vero
_____
_____.

Tu _____ ma non
_____
_____
e credi che oramai
io sia la tua ragazza sempre
la tua ragazza sempre
ma lasciati andare.

_____ il tuo cuore e arrivando
alle stelle
_____ quelle
nessuna _____
e _____ "ti amo" anche tu
_____ soltanto il tuo cuore
e _____ ancora più su
_____ ancora più su…
ancora più su
ancora più su
ancora più su
ancora più su…

allegato 3 • livello B1

I dubbi dell'amore
Fiorella Mannoia (1988)

Se una mattina _____ che con l'alba sei partito
con le tue valigie verso un'altra vita,
_____ di meraviglia la città,
ma forse dopo un po'
_____ ad organizzarmi l'esistenza,
_____ che posso fare senza
_____ gli amici con curiosità
e _____ da qua.

_____ tutte le opinioni
e _____ le foto,
_____
_____ ,
forse _____
e comunque _____ ,
non so _____ ,
non so _____ ...

Ma se domani _____ che _____
e _____ che non _____ più _____ ,
ti _____ e non _____ più,
_____ di colori i muri
e stelle sul soffitto,
ti _____ le cose che non ho mai detto,
che pericolo _____
e la tranquillità.
_____ sei, _____ ?
C'è sempre sentimento
_____ piano
e nella _____
c'è la voglia di tenere
_____ ?
_____ e _____
ai dubbi dell'amore
ogni stupido timore è la prova che ti do
_____
_____

Un tempo piccolo
Tiromancino (2008)

Diventai _____

_____

_____

_____

_____

_____

_____

_____

_____

_____

_____

_____

_____

_____

_____

_____

_____

_____

_____

_____

_____

_____ piccolo.

allegato 5 (fronte)

R	A	A
R	A	A
R	A	A

allegato 5 (retro)

GRUPPO ___	GRUPPO ___	GRUPPO ___
GRUPPO ___	GRUPPO ___	GRUPPO ___
GRUPPO ___	GRUPPO ___	GRUPPO ___

3 cercasi l'altra metà

> "L'uomo gioca soltanto laddove egli è uomo nella totale accezione del termine, ed egli lo è nella sua totalità solamente laddove giochi".
> F. Schiller, *Sull'educazione estetica dell'uomo*

di che si tratta	*gara a squadre per ricostruire parti di un testo scritto* Gli studenti, divisi in due squadre, gareggiano per completare un testo avvalendosi del mimo del compagno di turno. Ogni squadra ha una versione diversa del testo: in una versione mancano le parole contenute nell'altra e viceversa.
competenze esercitate e scopi didattici	analisi morfosintattica e testuale
livello	tutti: da A1 a C2 (allegato fornito per il livello B1)
durata	circa due ore[1]
materiale	• un testo
organizzazione dello spazio	L'aula va liberata da qualsiasi elemento che possa ostacolare il movimento degli studenti (sedie in eccesso, zaini, ecc.). In presenza di banchi si consiglia di disporli lungo le pareti in modo da creare un'area centrale quanto più ampia possibile. Le due squadre di studenti si dispongono allineate su pareti opposte.
preparazione	• scegliere un testo di 30-50 parole (storia breve, articolo di giornale, estratto da testo letterario, trascrizione di un dialogo, ecc.) • preparare due versioni del testo, come descritto di seguito: **versione A** - Lasciando intatte le prime 6 parole, eliminare dal testo la metà delle parole (una parola sì, una no). Al posto delle parole omesse inserire delle righe di lunghezza uguale per tutte le parole mancanti. In questo modo lo studente non potrà dedurre dalla lunghezza della riga di quale parola si tratti né la sua categoria grammaticale. Numerare tutte le parole e tutte le righe scrivendo i numeri in modo progressivo al di sotto di esse[2]. Tali numeri serviranno come punto di riferimento durante lo svolgimento del gioco.

---

[1] L'attività si presta ad essere interrotta in qualsiasi momento.
[2] Mentre è indicato scrivere il testo al computer, si consiglia di scrivere i numeri a mano.

versione B - Lasciando intatte le prime 5 parole, eliminare dal testo la metà delle parole (una parola sì e una no), in modo da mantenere tutte le parole eliminate dalla versione A. In questo modo le parole presenti nelle due versioni, prese nel loro insieme, rappresentano l'intero brano.
- preparare le fotocopie delle due versioni in numero corrispondente ai componenti della squadra a cui verranno consegnate.

svolgimento

a) fase preparatoria

1. Proporre un brainstorming di categorie grammaticali: chiedere agli studenti quali categorie grammaticali conoscono (sostantivi, aggettivi, avverbi, verbi, preposizioni, ecc.) e scriverle alla lavagna man mano che vengono enunciate, integrando eventuali categorie mancanti con degli esempi.
2. Dividere la classe in due squadre.
3. Dire agli studenti che:
   - ogni squadra riceverà una versione dello stesso testo con parole numerate (in una versione sono state eliminate le parole pari, nell'altra quelle dispari);
   - ogni studente riceverà una copia del testo assegnato alla propria squadra;
   - ogni squadra dovrà trovare le parole mancanti per ricostruire l'intero testo.
4. Comunicare agli studenti che avranno a disposizione 15 minuti per leggere la propria versione del testo. Se necessario potranno consultare il dizionario e i compagni della propria squadra.
5. Consegnare le fotocopie e dare il via alla lettura.

b) fase del gioco

1. Conclusa la lettura, invitare le due squadre a disporsi allineate su pareti opposte, una di fronte all'altra.
2. Chiedere ad ogni squadra di scegliere un nome che la identifichi e scriverlo alla lavagna.
3. Comunicare agli studenti che ogni squadra parte con un credito di dieci punti e tre Jolly.
4. Stabilire quale squadra inizia a giocare lanciando una moneta (testa o croce).
5. Fare un giro di prova per spiegare il meccanismo del gioco:
   il primo studente della squadra A (che chiameremo qui "studente A") va dal primo studente della squadra B che gli sussurra nell'orecchio la prima parola mancante[3]. Lo studente A, rimanendo in piedi vicino alla squadra B, mima la parola alla propria squadra. Se la sua squadra indovina la parola (ha a disposizione un minuto di tempo) ottiene **due punti** e il turno passa alla squadra B. Se invece la parola non viene indovinata lo studente A si ritira in una posizione di "limbo" (per esempio vicino alla cattedra) e il secondo studente della squadra A fa una domanda (con risposta *Sì* o *No*) al primo studente della squadra B. La domanda potrà spaziare dalla grammatica[4] (categoria di parola, tempo verbale, ecc.), alla semantica (*la parola ha a che fare con...?, è un alimento?, è un verbo che indica movimento?*), passando anche per l'ortografia (*la parola comincia con "T"?, la parola è di 5 lettere?*). Se la risposta è affermativa il terzo studente della squadra A potrà porre una domanda al secondo studente della squadra B e così via fino a quando la risposta non sarà negativa[5]. In questo caso la squadra A, prima di passare il turno all'altra squadra, deve "comprare" la parola spendendo un punto e lo studente deve tornare al suo posto.

---

[3] Se lo studente della squadra A non conosce la parola si consiglia di intervenire, per non rallentare troppo il ritmo del gioco.
[4] Gli studenti possono fare riferimento alla lista di categorie grammaticali scritte alla lavagna dall'insegnante nella fase preparatoria, che chiaramente non devono essere cancellate.
[5] Si consiglia di intervenire nel caso di informazioni errate date nelle risposte.

svolgimento

Chi deve fare la domanda può in alternativa provare ad indovinare la parola. Se lo studente ha ragione vince un punto per la sua squadra; se ha torto, invece, perde un punto. Sarà uno studente della squadra avversaria a segnare o a togliere il punto alla lavagna. Anche in questo caso la squadra A, prima di passare il turno all'altra squadra, deve "comprare" la parola spendendo un punto e lo studente A deve tornare al suo posto.

6. Comunicare agli studenti due ulteriori regole:
   - viene tolto un punto ogni volta che uno studente usa una lingua diversa dall'italiano (anche in questo caso è l'avversario che va alla lavagna a cancellare il punto);
   - i Jolly possono essere utilizzati per chiedere l'aiuto dell'insegnante (tale aiuto consiste nel fornire una descrizione grammaticale della parola il più esaustiva possibile).
7. Dare il via. Vince la squadra con il punteggio maggiore.

varianti

1. *Per facilitare la comprensione del testo* (soprattutto per classi che si scoraggiano facilmente davanti alla prima difficoltà) si può selezionare un testo "conosciuto" (letto o ascoltato in precedenza) oppure consegnare il testo integro ad ogni squadra, dare 2 minuti di tempo per leggerlo e ritirarlo prima dell'inizio del gioco.
2. *Per aumentare la vivacità del gioco* si può adottare la modalità del quiz televisivo: al momento delle domande, invece di seguire un ordine, parla chi vuole. Ogni squadra riceve un pennarello, che fungerà da pulsante, e sceglie un rumore da fare con la bocca (per classi particolarmente giocose si prestano anche i versi degli animali). Per avere il diritto di porre una domanda si deve impugnare il pennarello (pulsante) ed emettere il rumore.
3. *Per i livelli bassi* si può optare per l'eliminazione delle parole di un'unica categoria grammaticale nella versione A del testo e quelle di un'altra categoria nella versione B. In questo caso il testo dovrebbe contenere ben più di 50 parole. Il numero di parole da trovare deve essere lo stesso per le due versioni.
4. *Per aumentare la difficoltà del gioco* si può omettere la punteggiatura dal testo.

perché proporre questa attività?

Trattandosi della ricostruzione di un testo, questa attività mette in gioco la "grammatica interna" dello studente, obbligandolo a fare ipotesi a livello sintattico, morfologico, testuale, lessicale, semantico e pragmatico. Lavorando in gruppo lo studente affronta le sfide e le difficoltà che possono sorgere, sempre con il supporto della squadra, non esponendosi in tal modo da solo ed abbassando così il livello di ansia da prestazione. Il gioco poi contribuisce a creare un'atmosfera ludica ed a far vivere più positivamente la sfida.

allegato 1 • livello B1 — versione A

Non capita a molte ragazze di _____ in _____ per _____
1   2   3   4   5   6   7   8   9   10   11

diciottesimo _____ uno _____ appartamento. _____ questo
12   13   14   15   16   17   18

_____, suppongo, _____ essere _____ contenta
19   20   21   22   23   24

_____ munifico _____ che _____ hanno _____ i
25   26   27   28   29   30   31   32

_____ genitori. _____, invece _____. Il _____ gesto
33   34   35   36   37   38   39   40

_____ ha _____ addosso _____ nera _____.
41   42   43   44   45   46   47

allegato 1 • livello B1 — versione B

Non capita a molte ragazze _____ ricevere _____ dono _____
1   2   3   4   5   6   7   8   9   10

il _____ compleanno _____ splendido _____. Per _____
11   12   13   14   15   16   17   18

motivo, _____, dovrei _____ molto _____ del _____
19   20   21   22   23   24   25   26

regalo _____ mi _____ fatto _____ miei _____. E
27   28   29   30   31   32   33   34   35

_____ no. _____ loro _____ mi _____ buttato
36   37   38   39   40   41   42   43

_____ una _____ infelicità.
44   45   46   47

4 chi non rischia non rosica

di che si tratta	*gara a squadre per correggere errori in un testo scritto* Gli studenti, divisi in squadre, devono correggere gli errori presenti nei diversi paragrafi di un medesimo testo.
competenze esercitate e scopi didattici	analisi morfosintattica
livello	tutti: da A1 a C2 (allegato fornito per il livello A2)
durata	circa 40 minuti
materiale	• un testo • cartoncini colorati
organizzazione dello spazio	L'aula va liberata da qualsiasi elemento che possa ostacolare il movimento degli studenti (sedie in eccesso, zaini, ecc.). In presenza di banchi si consiglia di disporli lungo le pareti in modo da creare un'area centrale quanto più ampia possibile. Gli studenti vengono suddivisi in squadre (ciascuna composta al massimo da 5 studenti) e disposti in semicerchio. Alle spalle degli studenti viene sistemato un banco su cui appoggiare i cartoncini colorati. L'insegnante è accanto alla lavagna, di fronte agli studenti.
preparazione	• suddividere idealmente la classe in squadre (composte al massimo da 5 studenti ciascuna) • selezionare un testo scritto • trascrivere il testo al computer • suddividere il testo in 8-10 paragrafi • modificare in ogni paragrafo alcune parole (in numero corrispondente al numero delle squadre) creando così degli errori (vedi allegato 2) • utilizzare uno stile differente per ogni parola modificata (*corsivo*/**grassetto**/<u>sottolineato</u>) • preparare una copia del testo per ogni squadra • ritagliare i singoli paragrafi in ogni copia del testo • attribuire casualmente ad ogni stile un punteggio diverso (per esempio *corsivo*= un punto, **grassetto**= 2 punti, ecc.) • preparare dei cartoncini in colori differenti per ognuno degli stili utilizzati nel testo

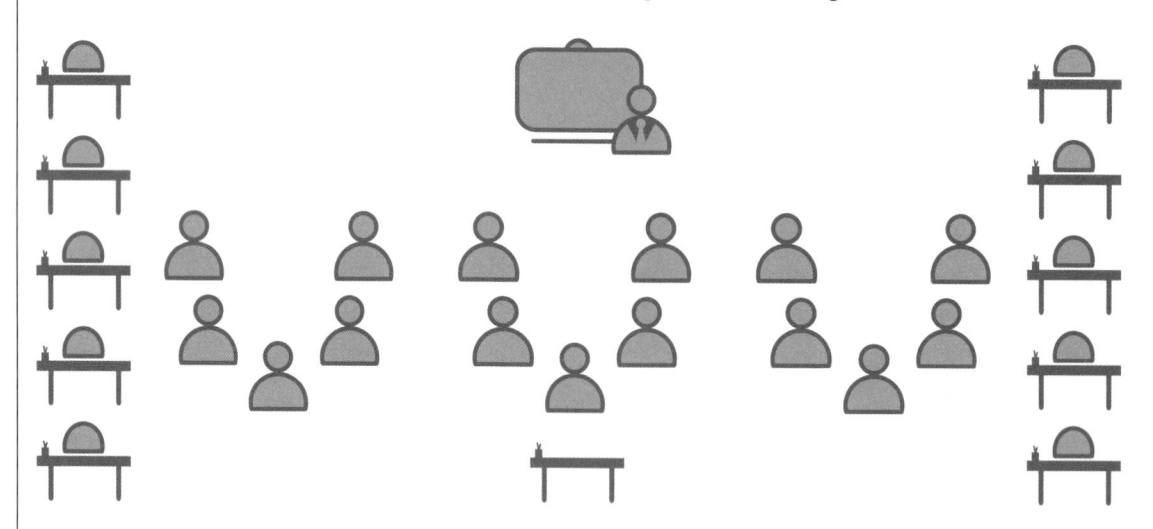

svolgimento

1. Dividere la lavagna in due parti e disegnare a sinistra una griglia per il punteggio e a destra un'altra griglia nella quale segnare gli errori risolti all'interno di ogni paragrafo.

2. All'interno di ogni squadra, attribuire un numero progressivo a ciascuno studente (determinerà l'ordine secondo cui ogni studente rappresenterà la propria squadra).
3. Spiegare agli studenti che l'obiettivo del gioco è correggere gli errori segnalati e che ad ogni errore è assegnato un punteggio diverso in base allo stile utilizzato nel testo (per esempio: *corsivo*= un punto, **grassetto**= 2 punti, ecc.)
4. Descrivere agli studenti le regole del gioco:
   - quando viene chiamato un numero, tutti gli studenti con quel numero dovranno correre dall'insegnante che consegnerà il primo paragrafo di un testo contenente degli errori;
   - da quel momento avranno 2 minuti di tempo per correre dalla propria squadra e decidere quale errore vogliono correggere e per andare dall'altra parte dell'aula a prendere il cartoncino corrispondente al colore dell'errore; se un'altra squadra ha già preso il cartoncino voluto, dovranno tornare dalla propria squadra e decidere quale altro errore correggere;
   - alla fine dei 2 minuti i rappresentanti delle squadre dovranno dare la risposta scelta. Per ogni risposta giusta verranno assegnati i punti corrispondenti. Poi saranno affrontati gli eventuali dubbi;
   - verrà poi chiamato un altro numero e verrà consegnato agli studenti il paragrafo successivo.
5. Dare il via. Vince la squadra con il punteggio maggiore.

variante per classi numerose

Nel caso ci fossero più di tre squadre, si consiglia di disporle vicino alle pareti, in modo da recuperare spazio nella parte centrale dell'aula per poter posizionare un banco o una sedia su cui collocare i cartoncini colorati. Dare il paragrafo del testo dal centro dell'aula e spostarsi poi accanto alla lavagna.

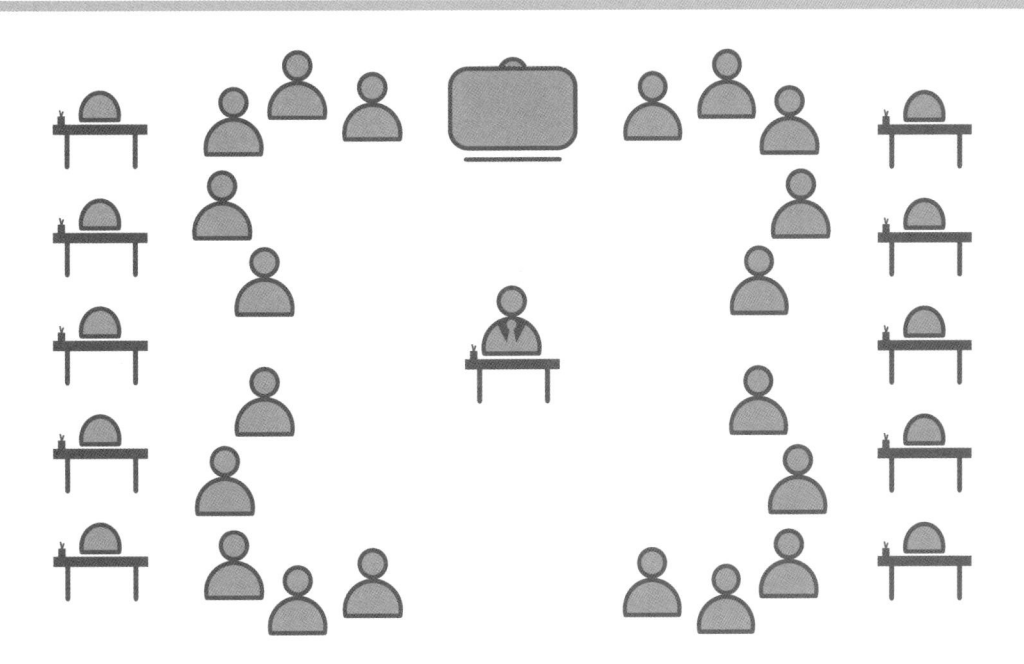

testo originale — allegato 1 • livello A2

Class LIFE — TUTTO IL MEGLIO IN CLASSIFICA

MODA E TENDENZE   OROLOGI E GIOIELLI   ARTE E DESIGN   CULTURA E SPETTACOLO   VIDEO
VIAGGI E SAPORI   WELLNESS & SPORT   MOTORI   HI-TECH   LEADER   CASE DI LUSSO   CLASSIFICHE

Raoul Bova
L'uomo italiano più bello secondo le donne

■ Lei, bellissimo per acclamazione, quanto concede all'esibizionismo?

● Spendo molti soldi in vestiti. Mi piace il gusto orientale, le giacche coreane nere capaci di essere allo stesso tempo sobrie ed eleganti. E poi i vestiti di Armani, di Valentino. L'importante è che un abito non mi faccia sentire grigio.

■ Qual è la sua storia familiare?

● Sono cresciuto in una famiglia tradizionale in cui mio padre rappresentava l'autorità, la figura forte e autoritaria. Gli riusciva bene, visto che prima di diventare un dipendente dell'Alitalia era un lottatore di lotta greco-romana. Per me era più facile parlare con mia madre e le mie due sorelle, devo a loro se mi sono risparmiato gli atteggiamenti da seduttore e ho imparato a comprendere le donne, a intuire le loro sofferenze e debolezze.

■ Sono invece reali le lettere delle sue ammiratrici. Cosa le scrivono?

● Ricevo dichiarazioni d'amore da parte di tante ragazzine. Quelle che mi dedicano frasi del tipo "nei tuoi occhi vedo il mare", che mi spediscono poesie romantiche e le inondano di profumo. E poi ci sono le ragazze più grandi, le donne, quelle che mi hanno visto nella Piovra e che mi fanno il complimento più bello: per loro, oltre che un bel ragazzo, sono un bravo attore.

■ Con il suo corpo come convive?

● Come un ex atleta. Quando facevo le gare trascorrevo le mie giornate in piscina, obbligavo i muscoli a sforzi continuati. Era una specie di droga, un duro lavoro che però alla fine mi regalava una condizione di grande benessere. Adesso è tutto diverso. Quando sto sul set per 12 o 13 ore consecutive non riesco ad allenarmi, vado al massimo in piscina e in palestra nelle pause tra un impegno e l'altro. Così capita anche di posare per servizi fotografici e di non essere al massimo della forma. Mi creda, non è piacevole.

da www.classlife.it

allegato 2 • livello A2 *testo modificato (per 3 squadre)*

Raoul Bova - L'uomo italiano più bello secondo le donne

■ Lei, bellissimo per acclamazione, quanto concede all'esibizionismo?

● Spendo molti soldi in vestiti. Mi piace il gusto orientale, le <u>giacce</u> coreane nere capaci di essere *al* stesso tempo sobrie ed **elegante**. E poi i vestiti di Armani, di Valentino. L'importante è che un abito non mi faccia sentire grigio.

■ Qual è la sua storia familiare?

● Sono cresciuto in una famiglia tradizionale in cui mio padre rappresentava l'autorità, la figura <u>forta</u> e autoritaria. Gli riusciva bene, visto che prima di *divento* un dipendente **dall'**Alitalia era un lottatore di lotta greco-romana.

Per <u>mi</u> era più facile parlare con mia madre e le **mia** due sorelle devo a loro se mi sono risparmiato gli atteggiamenti da seduttore e *imparo* a comprendere le donne, a intuire le loro sofferenze e debolezze.

■ Sono invece reali le lettere delle sue ammiratrici. Cosa le scrivono?

● Ricevo dichiarazioni d'amore da parte di tante ragazzine. <u>Quella</u> che mi dedicano frasi del tipo "nei **tuo** occhi vedo il mare", che mi *spedono* poesie romantiche e le inondano di profumo.

E poi *c'è* le ragazze più grandi, le donne, quelle che mi hanno visto nella Piovra e che mi <u>facciono</u> il complimento più bello: per **le**, oltre che un bel ragazzo, sono un bravo attore.

■ Con il suo corpo come convive?

● Come **uno** ex atleta. Quando facevo le gare trascorrevo le mie giornate *a* piscina, obbligavo <u>le</u> muscoli a sforzi continuati.

Era una specie di droga, un duro lavoro che però *al* fine mi regalava una condizione di grande benessere. Adesso è tutto diverso. Quando sto sul set per 12 o 13 ore consecutive non **riusco** ad allenarmi, <u>ando</u> al massimo in piscina e in palestra nelle pause tra un impegno e l'altro.

Così capita anche di posare per servizi fotografici e di non *sono* al massimo <u>dilla</u> forma. Mi creda, non **sono** piacevole.

testo modificato (per 2 squadre) allegato 3 • livello A2

Raoul Bova - L'uomo italiano più bello secondo le donne

■ Lei, bellissimo per acclamazione, quanto concede all'esibizionismo?

● Spendo molti soldi in vestiti. Mi piace il gusto orientale, le <u>giacce</u> coreane nere capaci di essere *al* stesso tempo sobrie ed eleganti. E poi i vestiti di Armani, di Valentino. L'importante è che un abito non mi faccia sentire grigio.

■ Qual è la sua storia familiare?

● Sono cresciuto in una famiglia tradizionale in cui mio padre rappresentava l'autorità, la figura <u>forta</u> e autoritaria. Gli riusciva bene, visto che prima di *divento* un dipendente dell'Alitalia era un lottatore di lotta greco-romana.

Per <u>mi</u> era più facile parlare con mia madre e le mie due sorelle devo a loro se mi sono risparmiato gli atteggiamenti da seduttore e *imparo* a comprendere le donne, a intuire le loro sofferenze e debolezze.

■ Sono invece reali le lettere delle sue ammiratrici. Cosa le scrivono?

● Ricevo dichiarazioni d'amore da parte di tante ragazzine. <u>Quella</u> che mi dedicano frasi del tipo "nei tuoi occhi vedo il mare", che mi *spedono* poesie romantiche e le inondano di profumo.

E poi *c'è* le ragazze più grandi, le donne, quelle che mi hanno visto nella Piovra e che mi facciono il complimento più bello: per loro, oltre che un bel ragazzo, sono un bravo attore.

■ Con il suo corpo come convive?

● Come un ex atleta. Quando facevo le gare trascorrevo le mie giornate *a* piscina, obbligavo <u>le</u> muscoli a sforzi continuati.

Era una specie di droga, un duro lavoro che però *al* fine mi regalava una condizione di grande benessere. Adesso è tutto diverso. Quando sto sul set per 12 o 13 ore consecutive non riesco ad allenarmi, <u>ando</u> al massimo in piscina e in palestra nelle pause tra un impegno e l'altro.

Così capita anche di posare per servizi fotografici e di non *sono* al massimo <u>dilla</u> forma. Mi creda, non è piacevole.

5 chi più ne "sa" più ne metta!

di che si tratta	*gara a squadre per analizzare un testo scritto* Gli studenti, divisi in squadre, devono rispondere, muovendosi a turno all'interno dell'aula, a una serie di quesiti analitici relativi ad un testo precedentemente letto.
competenze esercitate e scopi didattici	analisi lessicale, morfosintattica e funzionale
livello	tutti: da A1 a C2 (allegati forniti per i livelli A2, B1, B2)
durata	circa 30 minuti
materiale	• un testo • una penna per ogni squadra • nastro adesivo o puntine da disegno
organizzazione dello spazio	L'aula va liberata da qualsiasi elemento che possa ostacolare il movimento degli studenti (sedie in eccesso, zaini, ecc.). In presenza di banchi si consiglia di disporli lungo le pareti in modo da creare un'area centrale quanto più ampia possibile. Gli studenti, in squadre di 4 o 5 componenti disposti in semicerchio, sono seduti vicino alle pareti. Sulla parete più lontana vengono affissi i fogli "risposte" (uno per ogni squadra) ben distanziati l'uno dall'altro e accanto a ciascun foglio viene posizionata una penna.
preparazione	• selezionare un testo letto in precedenza dagli studenti • selezionare una serie di parole o espressioni sulle quali si vuole concentrare l'attenzione degli studenti • preparare una lista di espressioni di significato equivalente a quelle selezionate nel testo • preparare un foglio *"testo"* con una tabella divisa in due colonne, con il testo nella colonna sinistra e la lista di espressioni equivalenti nella colonna destra (vedi allegato 1) e una fotocopia in formato A3 per ogni squadra

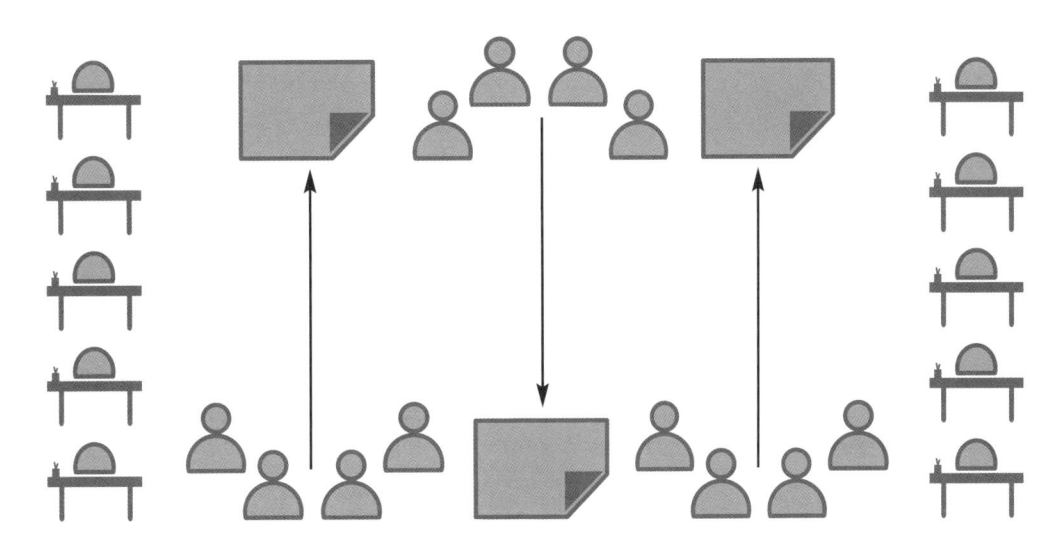

- preparare un foglio *"risposte"* con una tabella divisa in due colonne, con la lista delle espressioni equivalenti nella colonna sinistra e lo spazio per scrivere la soluzione nella colonna destra (vedi allegato 2) e farne una fotocopia in formato A3 per ogni squadra
- preparare un foglio *"chiavi"* con una tabella divisa in due colonne, con la lista di espressioni equivalenti nella colonna sinistra e le soluzioni nella colonna destra (vedi allegato 3) e farne un numero di copie pari al numero degli studenti, in formato A4

svolgimento

1. Dividere la classe in squadre (ciascuna composta al massimo da 4 o 5 studenti).
2. Disporre ogni squadra vicino ad una parete, a distanza dalle altre.
3. Chiedere ai componenti di ogni squadra di disporsi in semicerchio e di scegliere un nome che li identifichi durante il gioco.
4. Assegnare numeri progressivi ai componenti di ogni squadra.
5. Sistemare, sulla parete opposta ad ogni squadra, una copia del foglio *"risposte"* e una penna.
6. Consegnare ad ogni squadra un foglio *"testo"* capovolto.
7. Dire agli studenti che:
   - dovranno trovare nel testo le espressioni di significato equivalente a quelle della lista per poi andarle a scrivere (a turno) sul foglio *"risposte"*;
   - non potranno utilizzare il dizionario;
   - ogni volta che la squadra riterrà di aver trovato una delle soluzioni (senza dover necessariamente seguire l'ordine dei quesiti), invierà subito lo studente di turno a scriverla sul foglio *"risposte"* affisso sulla parete di fronte;
   - vincerà la squadra che, entro 25 minuti, avrà scritto il maggior numero di espressioni corrette;
   - la squadra perde un punto quando lo studente di turno[1] (per motivi di indecisioni, ripensamenti, conferme, richieste di aiuto, ecc.) tenta di comunicare a distanza con la propria squadra (se vuole comunicare con la squadra deve tornare dai propri compagni, consultarsi e, eventualmente, tornare a scrivere), oppure se qualcuno parla una lingua che non sia l'italiano.
8. Dire agli studenti di girare il foglio *"testo"* e dare il via!
9. Allo scadere dei 25 minuti di tempo verificare le risposte di ogni squadra, assegnare un punto per ogni risposta corretta e annunciare il punteggio. Vince la squadra che ha il punteggio più alto.
10. Consegnare a tutti gli studenti il foglio *"chiave"* (vedi allegato 3) e risolvere eventuali dubbi.

varianti per diversi gradi di difficoltà

Volendo variare la difficoltà dell'attività, si può proporre il testo in uno dei seguenti modi (in ordine di difficoltà crescente).
1. Il testo compare con parole o espressioni evidenziate e i sinonimi non sono in ordine.
2. Nel testo le parole o espressioni non sono evidenziate e i sinonimi sono in ordine.
3. Nel testo le parole o espressioni non sono evidenziate e i sinonimi non sono in ordine.
4. Si possono anche utilizzare testi non precedentemente letti dagli studenti.

---

[1] Per garantire che tutti i componenti si muovano è importante essere rigorosi nel far rispettare la numerazione progressiva e per favorire la collaborazione all'interno della squadra è necessario che gli studenti non abbiano la penna.

allegato 1 • livello A2 — foglio "testo", analisi lessicale

Gentile Barbara,
anche io sono una di quelle che quando legge del fenomeno della denatalità rabbrividisce. Vorrei descriverLe la mia esperienza. Ho 39 anni, vivo da sola da quando ne avevo 17. Avendo dovuto pensare in toto al mio mantenimento non ho potuto studiare e mi sono arrangiata, inventandomi lavoretti in proprio.

Ora faccio la commerciante e ancora più di prima considero il mio lavoro precario pur lavorando dodici ore al giorno per mantenermi, conducendo una vita appena decorosa. Ho tre sorelle sposate madri di 7 nipoti fantastici, ma le assicuro assolutamente svuotate da una vita che le ha costrette ad essere madri lavoratrici e mogli trascurate. Non hanno mai fatto un viaggio e si permettono un ristorante ogni morte di papa. Ho tanti amici coetanei che stimo e che fanno lavori interessanti, con figli e mogli altrettanto trascurate e sull'orlo di una crisi di nervi, che quando parto per una vacanza mi guardano con le lacrime agli occhi invidiando la mia libertà. Ho avuto fidanzati carini e simpatici che però non si sono mai sognati di farmi capire che avrebbero rinunciato almeno in parte ai loro interessi, alle loro carriere, in due parole ai loro egoismi per aiutarmi a crescere un figlio. E sa cosa le dico? Mi è passata del tutto la voglia di averne. Come pure mi passa la voglia di averne quando sento storie di ordinaria miseria e ignoranza legate al nostro sud o ai paesi del terzo mondo. Il mondo è pieno di bambini che soffrono la fame e l'abbandono e finché ci sarà anche un solo bambino in queste condizioni trovo ridicolo parlare di denatalità. Trovo altresì ridicolo parlare di bambini italiani quando i bambini italiani sono anche quelli nati dagli extracomunitari o arrivati fino qui spinti dal bisogno e dalla fame. Oggi oltretutto i bisogni primari non sono più quelli legati alla soglia di sopravvivenza minima, ma più che mai quelli legati alla cultura e a questo proposito mi creda, il mondo è ancora molto ma molto povero.
Maria M.

- completamente, totalmente (3 espressioni)
- poco più che
- molto raramente
- riguardo a questo
- ugualmente (2 espressioni)
- anche soltanto parzialmente
- inoltre (2 espressioni)
- instabile, non fisso
- il desiderio
- non hanno neanche lontanamente avuto l'idea
- della mia stessa età
- fondamentali
- soprattutto ora rispetto a prima
- obbligate
- al limite
- ho risolto i miei problemi anche se non nel modo migliore
- per conto mio
- quotidiana e che non meraviglia più
- dal momento che, visto che, poiché

da *www.repubblica.it*

foglio "risposte", analisi lessicale

allegato 2 • livello A2

- completamente, totalmente (3 espressioni)

- poco più che

- molto raramente

- riguardo a questo

- ugualmente (2 espressioni)

- anche soltanto parzialmente

- inoltre (2 espressioni)

- instabile, non fisso

- il desiderio

- non hanno neanche lontanamente avuto l'idea

- della mia stessa età

- fondamentali

- soprattutto ora rispetto a prima

- obbligate

- al limite

- ho risolto i miei problemi anche se non nel modo migliore

- per conto mio

- quotidiana e che non meraviglia più

- dal momento che, visto che, poiché

allegato 3 • livello A2 — foglio "chiavi", analisi lessicale

• completamente, totalmente (3 espressioni)	in toto,
	assolutamente,
	del tutto
• poco più che	appena
• molto raramente	ogni morte di papa
• riguardo a questo	a questo proposito
• ugualmente (2 espressioni)	altrettanto,
	come pure
• anche soltanto parzialmente	almeno in parte
• inoltre (2 espressioni)	altresì,
	oltretutto
• instabile, non fisso	precario
• il desiderio	la voglia
• non hanno neanche lontanamente avuto l'idea	non si sono mai sognati
• della mia stessa età	coetanei
• fondamentali	primari
• soprattutto ora rispetto a prima	più che mai
• obbligate	costrette
• al limite	alla soglia
• ho risolto i miei problemi anche se non nel modo migliore	mi sono arrangiata
• per conto mio	in proprio
• quotidiana e che non meraviglia più	ordinaria
• dal momento che, visto che, poiché	quando

foglio "testo", analisi morfosintattica
allegato 4 • livello B1

I teenager sono imprevedibili perché il loro cervello è diverso
Lo scienziato: "Nell'adolescenza, crescono lobi frontali e materia grigia"
di Mario Porquedda

Milano - **Si** chiamano "teenager", letteralmente "**quelli** dell'età teen", perché hanno da | si   quelli
13 a 19 anni (in inglese *thirteen* e *nineteen*). E un sacco di gente **si** chiede che cosa **gli** | si   gli
passi per la testa. Tanto che negli Stati Uniti gli scienziati hanno deciso di guardar**ci** | guardarci
dentro (la testa), scoprendo che i teenager hanno un ottimo motivo per sembrare così
imprevedibili, poco padroni di sé e "diversi" dagli altri: e cioè che **lo** sono. | lo
E la differenza non sarebbe riconducibile alle "solite" spiegazioni, tempeste ormonali o
spirito di ribellione, ma a quello che succede nel cervello di un ragazzo di quell'età.
Che conosce importanti trasformazioni: cresce, produce materia grigia in grande | che
quantità, e non sarà mai più lo stesso. Perché, per esempio, alcune connessioni fra
neuroni, possibili allora, se non utilizzate "appassiranno" per non ripresentar**si** mai. | ripresentarsi
La notizia ha trovato posto sul settimanale Newsweek, **che** riporta i risultati degli studi | che
iniziati nei primi anni '90 da Jay Giedd, del National Institute of Mental Health e dai
ricercatori dell'università UCLA (California).
Utilizzando immagini a risonanza magnetica le équipe hanno "fotografato" a scadenze
regolari di due anni i cervelli di circa 150 pazienti di età compresa fra i 4 e i 21 anni.
E il confronto ha dato esiti sorprendenti. "La maturazione dei lobi frontali, **che** | che
sovrintendono a funzioni come la percezione di sé, l'autocontrollo, la capacità di
giudizio e **quella** progettuale, continua fino ai 12 anni e poi conosce una sorta di | quella
declino - ha spiegato Giedd a Newsweek -. *Il corpus callosum*, fascio di nervi che
connette la metà destra e **quella** sinistra del cervello, cresce fino ai 20 anni. I siti che | quella
controllano le emozioni e il linguaggio **si** sviluppano sino a 16 anni. E i teenager | si
conoscono anche una seconda ondata di produzione di materia grigia, **cosa** che **si** | cosa si
pensava accadesse solo nei primi 18 mesi di vita". In pratica, i teenager vivrebbero una
situazione unica, sconosciuta ai più piccoli e negata agli adulti. "Ma non è una novità
assoluta - commenta Anna Oliverio Ferraris, psicologa dell'età evolutiva alla Sapienza -.
Al limite è una nuova prova, ma che l'età evolutiva vada dagli zero ai 18-21 anni è
assodato. E in **quegli** anni matura anche il cervello". | quegli
Che poi negli Usa **si** vogliano spiegare così i modi di fare dei ragazzi, comporta | si
"un'interpretazione forse azzardata" dice Ferraris. Tipo: sinapsi instabili uguale
adolescenti instabili. O insicuri come **quelli** presentati nel film "American Beauty". E i | quelli
teenager d'Italia? Chi **li** conosce, come Albertino, voce di radio Dj, di **loro** dice: | li   loro
"Ascoltano musica estrema, heavy metal, hiphop o techno e poi, crescendo, cambiano
gusti. Io che li incontro in discoteca, dove **si** lasciano andare, capisco che sono in una | si
fase della vita in **cui si** fanno cose irripetibili. A me, per esempio, ciò che manca di più | cui si
di quel periodo è proprio l'incoscienza". E Morgan, cantante dei Bluvertigo, che coi
ragazzi comunica a suon di canzoni, è piuttosto divertito dal tema:
"Cosa? Vogliono spiegare la diversità dei teenager, i loro comportamenti "inconsulti", il
fatto che cambiano sempre idea? Secondo me fanno così perché sono nel momento di
massima forza di un uomo: vulcanici e insopportabili. Ma il loro delirio a me piace. E
gli adolescenti mi fanno ridere molto più della comicità degli adulti. Perché? Perché
sono illogici, scherzano su cose come i nomi o i cognomi ...".

da www.corriere.it

allegato 5 • livello B1 *foglio "risposte", analisi morfosintattica*

si _____

quelli _____

si _____

gli _____

guardarci _____

lo _____

che _____

ripresentarsi _____

che _____

che _____

quella _____

quella _____

si _____

cosa _____

si _____

quegli _____

si _____

quelli _____

li _____

loro _____

si _____

cui _____

si _____

foglio "chiavi", analisi morfosintattica — allegato 6 • livello B1

si	i teenager
quelli	persone non espressamente indicate
si	un sacco di gente
gli	i teenager
guardarci	la testa dei teenager
lo	imprevedibili, poco padroni di sé
che	il cervello di un ragazzo di quell'età
ripresentarsi	alcune concessioni fra neuroni
che	il settimanale Newsweek
che	i lobi frontali
quella	la capacità
quella	la metà
si	i siti che controllano emozioni e linguaggio
cosa	una seconda andata di produzione di materia grigia
si	esperti
quegli	da 0 a 18-20
si	esperti
quelli	adolescenti
li	i teenager d'Italia
loro	i teenager d'Italia
si	i teenager d'Italia
cui	una fase della vita
si	persone non precisamente indicate

allegato 7 • livello B2 *foglio "testo", analisi funzionale*

Il paese dei dottori
di Piero Ottone

Un'infermiera, secondo quel che leggo nei giornali, si è trovata in difficoltà perché ha dato del tu a una paziente che non aveva mai visto prima. Può darsi che lo abbia fatto in modo arrogante, o comunque poco riguardoso, e sul caso specifico non esprimo opinioni, perché non conosco le circostanze in cui è avvenuto. Ma quell'infermiera, forse senza rendersene conto, era al passo coi tempi. L'uso del tu, per lo meno fuori d'Italia, è sempre più frequente. — *un elemento valido in ogni caso*

In ogni paese e in ogni lingua ci si rivolge alle persone in modo diverso, secondo usanze che hanno origini lontane. Gli spagnoli e i tedeschi sono i più formali: gli uni dicono *usted*, che traduciamo liberamente con *vossignoria*, e gli altri *Sie* cioè *loro*, con tanto di maiuscola, anche quando si rivolgono a una sola persona. I francesi hanno adottato il voi, e saltellano fra il tu e il voi anche nei rapporti familiari; gli anglosassoni dicono a tutti, *you*, voi, che in pratica corrisponde a un tu generalizzato, dato che il tu, *thou*, non esiste nella lingua moderna, e si adopera solo nelle preghiere. — *una limitazione* ; *qualcosa di equivalente*

Ogni forma di indirizzo rivela caratteristiche diverse nel popolo che la usa, anche se non è sempre facile individuarle. La forma rivela il carattere. E si è compiuto il tentativo, qualche volta, di cambiare il carattere di un popolo costringendolo a cambiare le forme di indirizzo: il regime fascista cercò di imporre il voi al posto del lei per curare gli italiani, così si diceva, da un secolare servilismo. Ma altro ci vuole. — *una causa*

È ora generale la tendenza a rendere le forme di indirizzo sempre più confidenziali. Gli anglosassoni, non potendo andare oltre nell'uso del pronome, perché già hanno adottato, come si è detto, il pronome unico per tutti, ricorrono sempre più spesso, anche se si rivolgono a persone di riguardo, al nome di battesimo: è il loro modo di dare del tu. E in Scandinavia, dove un tempo si dava del lei (*De*) a chi non si conosceva, ora si dà del tu a tutti, anche nei negozi, nei supermercati, dove le giovani commesse dicono *Du* ai più attempati avventori. — *una conclusione*

È quindi anacronistica, e un po' ridicola, l'insistenza con cui si usano i titoli in Italia: commendatore, cavaliere, ingegnere... È ancora più ridicolo chi usa il titolo in prima persona quando si annuncia al telefono: «Sono il commendator Tal dei Tali». E chi proprio non ha titoli non rinuncia ad autoproclamarsi un signore: «Sono il signor Mario, la signora Maria». Affinché nessuno si permetta un'eccessiva confidenza. — *una finalità*

C'è poi la faccenda del dottore. In Italia siamo tutti dottori. Il nostro è il solo paese al mondo, che io sappia, in cui basta una qualsiasi laurea per dare diritto al titolo di dottore, e gli stranieri che non conoscono la nostra generosità in materia ci prendono molto sul serio, credendo che ciascuno di noi abbia davvero conquistato il titolo con speciali approfondimenti di studio, come succede da loro. — *un'informazione con una prudente limitazione riguardo alla fonte*

Forse è il caso di smetterla. Nei rapporti fra le persone è giusto usare rispetto, specie verso chi non si conosce, ma il rispetto vero è nei modi, è nella sostanza, e non nel formalismo di titoli che si adoperano come schermo, per autodifesa, e che nessuno prende sul serio.

da *www.corriere.it*

foglio "risposte", analisi funzionale

allegato 8 • livello B2

un elemento valido in ogni caso

una limitazione

qualcosa di equivalente

una causa

una conclusione

una finalità

un'informazione con una prudente limitazione riguardo alla fonte

allegato 9 • livello B2 — foglio "chiavi", analisi funzionale

un elemento valido in ogni caso	comunque
una limitazione	perlomeno
qualcosa di equivalente	cioè
una causa	dato che
una conclusione	quindi
una finalità	affinché
un'informazione con una prudente limitazione riguardo alla fonte	che io sappia

6 cinema allo specchio

"Contemplare la propria vita in quella altrui", Montaigne

di che si tratta	*attività per analizzare ed esercitare il linguaggio non-verbale* Dopo una fase di "riscaldamento" attraverso la quale si preparano ad "entrare nei panni dell'altro", gli studenti osservano e studiano i movimenti degli attori in una breve sequenza video e cercano di farli propri per preparare una rappresentazione teatrale.
competenze esercitate e scopi didattici	analisi cinesica e prossemica improvvisazione orale
livello	tutti: da A1 a C2
durata	circa 40 minuti
materiale	• una canzone • un video tratto da un film • oggetti di scena • lettore audio (CD, mp3, IPod, ecc.) • televisore con lettore DVD o computer
organizzazione dello spazio	L'aula va liberata da qualsiasi elemento che possa ostacolare il movimento degli studenti (sedie in eccesso, zaini, ecc.). In presenza di banchi si consiglia di disporli lungo le pareti in modo da creare un'area centrale quanto più ampia possibile.
preparazione	• scegliere una scena di un film, della durata di uno o due minuti circa, in cui il comportamento cinesico e prossemico dei personaggi è particolarmente significativo: più la scena proposta sarà ricca di gestualità, espressività del volto, movimento del corpo, più lo studente avrà la possibilità di riflettere sulla potenzialità comunicativa del linguaggio del corpo nella cultura italiana. (vedi esempi di scene nell'allegato 1) • se la scena selezionata prevede l'uso di abbigliamento e di oggetti particolari non immediatamente reperibili, procurarsi in anticipo il materiale necessario e metterlo a disposizione degli studenti. • selezionare una canzone il cui testo si presti ad essere animato[1]

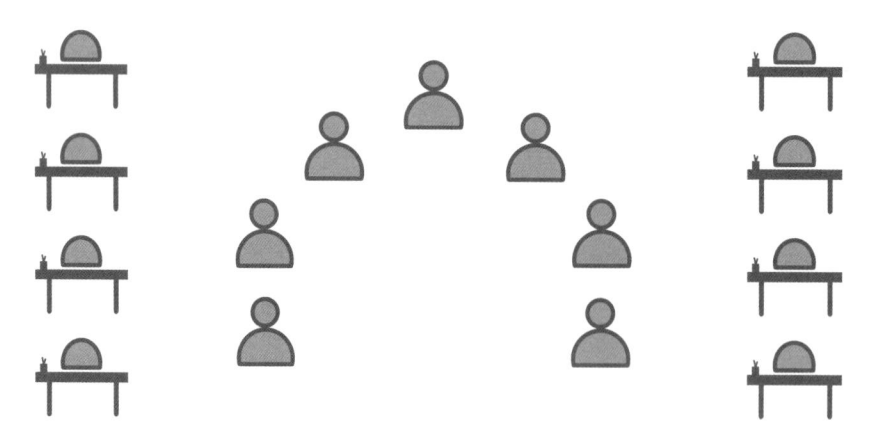

---

[1] Per esempio con istruzioni di movimento sul genere di "*Gioca Jouer*" - sigla del Festival di San Remo del 1981 cantata da Claudio Cecchetto, o di "*Il coccodrillo come fa*" - in concorso allo Zecchino d'oro nel 1993, Testo: O. Avogadro/Musica: P. Massara.

a. fase preparatoria

svolgimento

1. Dire agli studenti che:
   - l'attività si chiama "Cinema allo specchio";
   - l'obiettivo dell'attività è osservare come si muovono gli italiani e riflettere sull'importanza della gestualità, dell'espressione del viso, dei movimenti e della posizione del corpo.
2. Sottolineare che ogni studente avrà un ruolo attivo nello svolgimento dell'attività.
3. Dire agli studenti che l'attività prevede tre fasi, secondo le quali dovranno fare un po' di riscaldamento, osservare ed entrare nei panni degli italiani.

riscaldamento
(prima parte) canzone

4. Chiarire agli studenti che prima di "diventare attori", tutti, insegnante compreso, devono far riscaldare il corpo, farlo sciogliere e predisporlo al lavoro successivo in cui dovranno interpretare un ruolo.
5. Disporre gli studenti in cerchio.
6. Dire agli studenti che in questa prima fase dovranno "giocare", osservando e ripetendo i movimenti dell'insegnante[2].
7. Far ascoltare la canzone mimando il testo e chiedendo agli studenti di ripetere i movimenti.

(seconda parte) lo specchio del compagno

8. Invitare gli studenti a rimanere in piedi[3].
9. Chiarire che in questa seconda parte della fase di riscaldamento dovranno concentrarsi sul movimento di un compagno.
10. Spiegare che ogni studente diventerà lo "specchio" del compagno, cioè dovrà ripetere esattamente le sue espressioni e i suoi movimenti.
11. Chiedere ad uno studente di prestarsi a mostrare ai compagni come procedere. (Per esempio, lo studente chiamato, in piedi di fronte all'insegnante, fa un saluto militare con la mano destra e l'insegnante fa altrettanto con la mano sinistra.).
12. Formare delle coppie (se necessario creare un gruppo composto da tre studenti).
13. In ogni coppia i componenti si dispongono in piedi, l'uno di fronte all'altro.
14. Chiedere agli studenti di decidere chi fa lo "specchio" dell'altro e cominciare a giocare.
15. Dopo un minuto annunciare il cambio di ruolo (chi era "specchio" diventa "specchiato") e comunicare agli studenti che avranno un minuto di tempo per giocare.

b. si gira! Lo specchio del video

1. Disporre nuovamente gli studenti in piedi in semicerchio davanti al televisore.
2. Spiegare agli studenti che vedranno una scena di un film senza audio e che dovranno osservare attentamente i personaggi.
3. Mostrare la scena senza audio.
4. Dividere gli studenti in gruppi di tre componenti (due attori e un regista a scelta degli studenti stessi). In caso di mancata formazione di un gruppo di tre la coppia resta senza regista.

---

[2] La partecipazione attiva nonché la convinzione dell'insegnante sono molto importanti poiché non tutti i giorni capita di "ballare" in classe; quanto più si è disposti a mettersi in gioco e a muoversi in modo disinibito, naturale, divertito, e, perché no, anche esageratamente divertito, tanto più la classe si dispone positivamente abbandonando eventuali resistenze. Accentrando su di sé l'attenzione degli studenti, al tempo stesso sorpresi e divertiti e talvolta scettici, l'insegnante li invita a diventare suoi specchi, a non curarsi della qualità della loro personale esecuzione ma a focalizzare l'attenzione sulla semplice imitazione/ripetizione dei movimenti proposti.
[3] È importante che il ritmo rimanga sostenuto per tutta la durata dell'attività.

svolgimento

5. Mostrare una seconda volta la scena chiedendo agli studenti "attori" di provare a fare lo specchio del personaggio scelto sullo schermo.
6. Spiegare agli studenti che vedranno la scena ancora tre volte, sempre senza audio. Durante la visione gli attori dovranno ripetere i movimenti, i gesti e le espressioni dell'attore scelto. Tra una visione e l'altra il regista darà dei consigli agli attori in modo che siano in totale sintonia con il video.
7. Assegnare a ciascun gruppo uno spazio separato, nei limiti delle possibilità, in modo che possa lavorare sulla propria esecuzione.

le prove - prima fase (muta)
8. Spiegare che:
   - i due attori in ogni gruppo devono muoversi insieme (non indipendentemente l'uno dall'altro come nella fase dello specchio);
   - il regista li consiglia, suggerisce un movimento più corretto, un gesto più "italiano", un'espressione più eloquente;
   - il regista reperisce, tra gli oggetti di scena messi a disposizione, il materiale necessario per la rappresentazione.

   La durata di questa fase può essere variabile. Termina quando, osservando a distanza, ritenete che gli studenti abbiano fatto un buon lavoro.

le prove - seconda fase (parlando)
9. Spiegare agli studenti che a questo punto:
   - dovranno ripetere la scena aggiungendo delle parole. Se vogliono possono rivedere la scena;
   - il dialogo risultante deve essere suggerito dalla gestualità (dalla corporeità si arriva alla lingua)
10. Lasciare agli studenti la massima libertà di scelta[4].

rappresentazioni
11. Quando ritenete che gli studenti siano pronti ad esibirsi, disporre i vari gruppi in semicerchio in modo da creare uno spazio "palcoscenico" a disposizione del gruppo di turno.
12. Dare il via alle esibizioni.

una considerazione finale: il ricordo

Un modo molto efficace per rendere partecipi tutti gli studenti di un progetto "visibile" consiste nel fotografare i diversi momenti delle esibizioni per poi creare un video oppure un cartellone in cui verranno affisse tutte le fotografie. L'insegnante può affidare il compito a uno studente, specialmente se ce n'è uno difficile, o con problemi: diventerà il "fotografo ufficiale" delle compagnie teatrali.

---

[4] Ogni gruppo creerà situazioni molto differenti l'una dall'altra e probabilmente molto distanti da quella presentata nel film: ciò rivela in primo luogo la grande capacità creativa degli studenti e in secondo luogo la difficoltà di interpretare correttamente gesti e espressioni degli italiani.

allegato 1 — *Manuale d'amore - capitolo 1 "Innamoramento"*

di Giovanni Veronesi (2005)

SCENA 1

durata: circa un minuto e mezzo (10 minuti dall'inizio del film)	**luogo:** piazza Navona

situazione: Tommaso raggiunge Giulia a piazza Navona, la interrompe mentre sta lavorando (lei è una guida turistica e accompagna un gruppo di turisti giapponesi) e la rimprovera per avergli dato il numero di telefono sbagliato. I due si appartano e inizia una discussione nella quale Tommaso chiede insistentemente a Giulia di poterla rivedere e la ragazza rifiuta le sue proposte ma alla fine accetta un appuntamento.

consigli: Si propone la visione a partire dal momento in cui Tommaso interrompe Giulia nella sua spiegazione ai turisti giapponesi, fino al momento in cui i due, dopo essersi appartati e aver discusso, si separano.

SCENA 2

durata: circa un minuto (20 minuti dall'inizio del film)	**luogo:** casa di Dante, amico di Tommaso

situazione: Dante bussa alla porta del bagno e chiede con insistenza di liberarlo (Tommaso è dentro e si sta preparando per uscire con Giulia). Tommaso ritarda un po' ad aprire la porta e Dante inizia ad alterarsi. Quando la porta si apre Tommaso, incurante dei rimproveri dell'amico, gli chiede di prestargli dei soldi, una maglietta e la macchina. Alla risposta negativa di Dante, Tommaso reagisce abbracciandolo e dandogli degli schiaffetti affettuosi sul viso, come se lui avesse risposto positivamente.

consigli: Si propone la visione a partire dal momento in cui Dante bussa alla porta, fino al momento in cui quest'ultimo si ritrova a parlare da solo e a imitare i gesti appena fatti dal compagno.

7 *cloze in movimento*

di che si tratta	*gara a squadre per completare un testo scritto* Gli studenti, divisi in squadre, gareggiano per completare un testo, precedentemente letto ed eventualmente analizzato, con forme verbali o con qualsiasi altro elemento di morfosintassi o di coesione testuale.
competenze esercitate e scopi didattici	riflessione grammaticale
livello	tutti: da A1 a C2 (allegato fornito per il livello B1)
durata	circa 30 minuti
materiale	• un testo • una penna per ogni squadra • orologio con contasecondi
organizzazione dello spazio	L'aula va liberata da qualsiasi elemento che possa ostacolare il movimento degli studenti (sedie in eccesso, zaini, ecc.). In presenza di banchi si consiglia di disporli lungo le pareti in modo da creare un'area centrale quanto più ampia possibile. Gli studenti, in squadre di 4 o 5 componenti sono seduti vicino alle pareti. All'interno di ogni squadra gli studenti sono disposti in semicerchio. Sulla parete più lontana vengono affissi i fogli in formato A3 (uno per ogni squadra) ben distanziati l'uno dall'altro e accanto a ciascun foglio viene posizionata una penna.
preparazione	• scegliere un testo letto in precedenza dagli studenti • individuare nel testo il tema grammaticale che sarà oggetto dell'attività • stabilire su quali esempi del tema grammaticale prescelto gli studenti dovranno lavorare e numerarli • dividere il testo in 5/8 parti • trascrivere il testo al computer, lasciando un'interlinea tripla a separare ogni parte e inserendo una riga tratteggiata, preceduta dal numero corrispondente al posto di ciascun esempio "mancante" • fotocopiare il testo (una copia in formato A4 per ogni studente, una copia in formato A3 per ogni squadra)

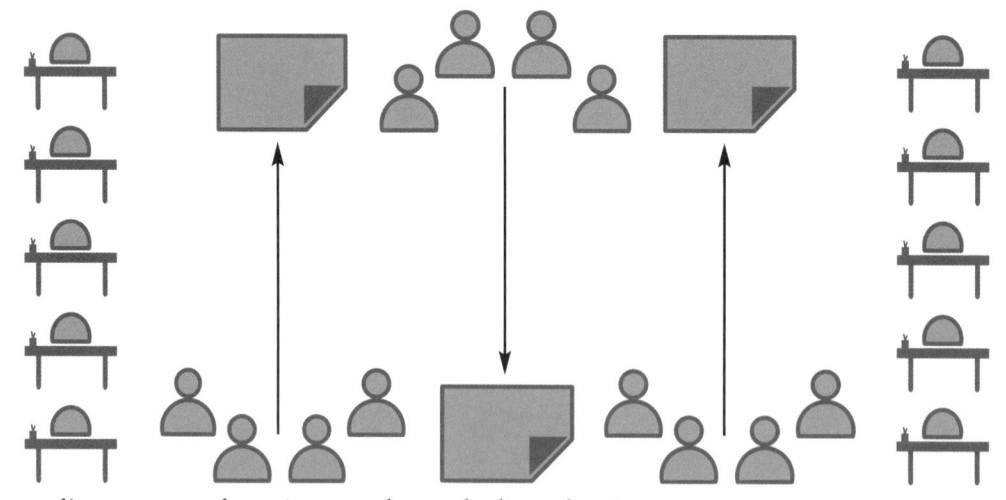

svolgimento

1. Attaccare il foglio in formato A3 sulla parete opposta alla posizione di ciascuna squadra.
2. Fornire una penna accanto ad ogni foglio.
3. Assegnare numeri progressivi ai componenti di ciascuna squadra.
4. Distribuire ad ogni studente il testo, in formato A4, capovolto.
5. Dire agli studenti che avranno tre minuti di tempo per leggere il testo fino alla fine e dare il via a questa fase di lettura.
6. Annunciare che dovranno cercare di completare il testo come nell'originale[1], una parte per volta. In questa fase gli studenti di ogni squadra si confrontano e decidono come completare la prima parte di testo[2]. (Ogni studente è libero di scrivere sul proprio foglio.)
7. Scandire il passare dei minuti a voce alta ("*mancano due minuti*", ecc…) e allo scadere del tempo dire "*Stop!*".
8. Chiamare il numero di turno che identifica, volta per volta, lo studente che rappresenta la squadra. I rappresentanti, lasciando il proprio foglio al posto, hanno 30 secondi per raggiungere il foglio A3 della propria squadra e scrivere le soluzioni (se hanno bisogno di parlare con la squadra non possono farlo da lontano ma devono tornare vicino ai propri compagni).
9. Allo scadere del tempo i rappresentanti devono dire a voce alta alla classe ciò che hanno scritto.
10. Assegnare un punto per ogni risposta giusta. I rappresentanti di ogni squadra tornano a posto.
11. Dare le soluzioni[3], ma senza entrare in spiegazioni.
12. Ripetere il procedimento con le parti successive del testo, fino alla fine.
13. Conteggiare i punti e indicare la squadra vincitrice.
14. Distribuire il testo originale e rimanere a disposizione per eventuali spiegazioni.

variante dell'attività

Nel caso, dopo almeno le prime due parti dell'attività, ci sia una evidente discrepanza di punteggio tra le squadre, l'insegnante può decidere di operare secondo la seguente variante al fine di mantenere tutte le squadre (dalla più debole alla più forte) in una tensione positiva per tutta la durata del gioco.

L'insegnante, oltre ad attribuire un tempo variabile per la parte in gioco, attribuisce anche il valore in punti di quella parte. Per esempio: la squadra in testa ha 5 punti e la squadra in coda ne ha uno, l'insegnante dà 4 minuti per la terza parte e 6 punti per tutte e 3 le risposte valide.

La valutazione relativa al numero di punti dipenderà dallo stato della gara in modo che ogni squadra si trovi sempre nella possibilità di competere per il primo posto.

Questo inoltre farà in modo che una squadra, seppure perdente, non "perda la faccia".

---

[1] Eventuali altre soluzioni corrette saranno discusse dopo la fine del gioco.
[2] Essendo le porzioni di testo variabili per lunghezza e numero di spazi da riempire, anche il tempo dovrà esserlo, ma comunque non inferiore a un minuto e non superiore a quattro.
[3] L'informazione delle risposte corrette sarà utile allo studente che ha commesso un errore per riflettere, ristrutturare le sue conoscenze e applicare le sue ipotesi alla seguente occasione.

imperfetto, passato e trapassato prossimo — allegato 1 • livello B1

Storie di rifugiati

(...) Insieme ai miei compagni dovevo assolutamente scappare. **1.** _____ ogni sera in un posto diverso. Poi una notte **2.** _____ a casa, ho preso le cose di cui **3.** _____ bisogno e ho salutato mia madre.

Siamo scappati a piedi, perché **4.** _____ tutte le macchine. Avevamo degli amici il cui compito era organizzare le fughe e **5.** _____ a uno di loro. Siamo arrivati in una città vicina sempre a piedi. Poi un viaggio di tre giorni e di tre notti su un camion procuratoci da un nostro amico per arrivare alla frontiera.

Così ogni giorno **6.** _____ città, grazie all'aiuto dell'organizzazione che ci ha procurato passaporti falsi e tutte le carte necessarie. Lì **7.** _____ molti altri compagni che come noi **8.** _____.

In 10 abbiamo preso la nave che da un porto ci ha portati a xxx. La nostra mèta era l'Italia, lo **9.** _____ già _____ a chi ci **10.** _____ la nostra fuga, perché c'era già un nostro amico con il quale eravamo in contatto. **11.** _____ il viaggio verso l'Italia con macchine, in camion, in treno, taxi, con qualunque mezzo, fino ad Ancona.

Due di noi **12.** _____ il loro viaggio verso l'Inghilterra. Io ho preferito rimanere in Italia. Il nostro accompagnatore ci ha lasciati. Il suo compito **13.** _____. Quando sono sbarcato non **14.** _____ dove mi trovavo.

da *"Servir"*, mensile di informazione dell'Associazione Centro Astalli per l'Assistenza agli Immigrati

8 dal testo al palcoscenico

di che si tratta	*creazione di un testo teatrale partendo da un testo scritto e messa in scena* Gli studenti, in coppie, trasformano un testo scritto, precedentemente letto, in un testo teatrale.
competenze esercitate e scopi didattici	comprensione libera scritta produzione libera scritta analisi fonologica
livello	da A2 a C2 (allegati forniti per i livelli A2 e B1)
durata	circa sei ore[1]
materiale	• un testo
preparazione	• selezionare un testo che, in qualche modo, racconti una storia che coinvolga più personaggi (articolo di cronaca, brano letterario, favola, lettera ad un giornale, ecc. / vedi esempi negli allegati 1, 2 e 3). • elaborare un elenco dei personaggi ed una serie di scene[2]. Visto che il punto di arrivo è un'opera teatrale che coinvolga tutti gli studenti, il numero dei personaggi nel testo potrebbe non essere sufficiente. In tal caso bisogna prevedere dei ruoli per figure secondarie o implicite, quali, ad esempio, personaggi di cui si fa menzione nel testo ma che non sono presenti al momento dell'azione, o altre figure verosimili come comparse, testimoni che commentano i fatti (una sorta di coro), voce narrante, ecc. (vedi l'esempio nell'allegato 1). Con più di 15 studenti si raddoppia il numero di compagnie.

---

[1] I tempi indicati nello svolgimento sono solo indicativi. L'attività può essere interrotta in qualsiasi fase.
[2] La scelta di far selezionare le scene all'insegnante è dettata dalla nalcessità di strutturare il più possibile il lavoro degli studenti; naturalmente è possibile anche far decidere a loro, in gruppo, quali siano le scene e i personaggi utili al lavoro di teatralizzazione.

svolgimento

prima fase (2 ore)

1. Creare coppie o gruppi di tre in base al numero di personaggi presenti in ogni scena.
2. Scrivere alla lavagna:

> **Istruzioni**
> si parla solo in italiano
> si scrive solo in italiano
> tutti scrivono
> tutti recitano

3. Consegnare il testo e scrivere alla lavagna l'elenco dei titoli delle scene da elaborare (vedi l'esempio negli allegati).
4. Assegnare una scena ad ogni gruppo, che avrà il compito di lavorare sul testo per definirne i dettagli e concordarne lo svolgimento e le battute. In questa fase non si scrive.
5. I componenti del gruppo si mettono d'accordo sul dialogo da scrivere ed ognuno lo riporta sul proprio foglio. Non ci devono essere differenze.
6. (20 minuti). Ogni gruppo rivede il dialogo scritto per migliorarlo (il gruppo lavora sul proprio testo). Raccomandare agli studenti un atteggiamento "da perfezionisti" e mettersi a disposizione per questioni specifiche[3].
7. Ogni studente riscrive in bella copia su un nuovo foglio il dialogo revisionato[4].
8. (40 minuti). Ogni componente di un gruppo incontra un componente di un altro gruppo e insieme lavorano per migliorare ancora i reciproci dialoghi.
9. (20 minuti). I gruppi iniziali si ricompongono, comunicano gli elementi nuovi emersi dal lavoro appena concluso e discutono se accettare le modifiche.
10. Ogni gruppo ripete il punto 6.
11. Ritirare tutti i dialoghi e raggrupparli insieme in modo da formare un copione unico (trascrivendoli al computer o assemblando le parti e fotocopiandole).

seconda fase (3 ore)

1. Distribuire una copia del "copione" ad ogni studente. Insieme alla classe decidere l'assegnazione dei personaggi e della regia[5].
2. Spiegare agli studenti riuniti in gruppi che:
   - dovranno essere "perfezionisti"[6];
   - gli attori dovranno leggere ad alta voce la propria parte lavorando prima sulla pronuncia e sull'intonazione e poi sui movimenti;
   - il regista e l'aiuto regista dovranno prima studiare l'intero copione e poi girare per la classe, osservare i vari gruppi al lavoro e prendere nota delle istruzioni da dare successivamente agli attori.

---

[3]Si consiglia di non farsi coinvolgere in una mera correzione. L'obiettivo non è di avere un testo corretto ma di migliorarlo.
[4]La scrittura in bella copia non deve essere affrettata, quindi possibilmente va assegnata come compito a casa.
[5]Si consiglia di affidare completamente le decisioni di regia a due studenti, un regista e un aiuto regista.
[6]Tecniche efficaci per alzare il livello di autocritica possono includere: 1) l'autoregistrazione e l'ascolto critico; 2) l'invito in classe di una persona estranea che si esprime sulla comprensibilità.

c) prova completa — *svolgimento*

1. Dire agli studenti che in questa fase dovranno seguire le istruzioni che gli saranno date dal regista e dall'aiuto regista (per organizzare lo spazio, coordinare una prova collettiva, seguire il lavoro degli attori facendo rispettare la sequenza delle scene e riferendo a ciascuno quanto osservato nelle fasi precedenti).
2. Mentre i gruppi riprovano le varie parti, parlare con il regista e l'aiuto regista dando eventuali consigli sul miglioramento della rappresentazione e chiarendo che dovranno confrontarsi su come intendono caratterizzare scenograficamente le varie scene, immaginando di essere un futuro pubblico.
3. Organizzare succesivamente una prova generale (con costumi, luci, musica, ecc..) nello spazio in cui si svolgerà la rappresentazione (teatrino, palestra, aula magna, cortile, ecc.).

d) lo spettacolo

Invitare altre classi ad assistere alla rappresentazione. Nel caso in cui siano state create due compagnie si può prevedere un concorso e sarà il pubblico a decidere chi vince (con applausi o munito di palette con emoticon ☺/☹ o con punteggi).

consigli per eventuali problemi

- *Lo studente che non si sente pronto a mettersi in gioco sulla scena* parteciperà alle varie fasi di preparazione dei dialoghi per poi rimanere dietro le quinte in qualità di voce narrante fuori campo, costumista, scenografo, o tecnico delle luci e degli effetti sonori.

- *Lo studente che è spesso assente* può assumere ruoli meno impegnativi simili a quelli delineati sopra.

- *Se la scuola non ha uno spazio teatrale canonico* la rappresentazione finale si può fare in classe, in palestra o in un'aula magna.

variante dell'attività

Per allentare eventuali tensioni riguardo al fare teatro è possibile introdurre una breve fase preliminare. L'insegnante scrive alla lavagna l'ambiente e l'elenco dei personaggi e crea gruppi di studenti che si organizzano per mimare i fatti raccontati nell'articolo[7].
Per esempio, dal testo nell'allegato 3, (adatto ad un livello A1) l'ambiente potrebbe essere un pub e i personaggi potrebbero essere le due ragazze, la vittima dell'equivoco, il barista e qualche avventore.

---

[7] Con classi particolarmente "impaurite" questa variante può addirittura sostituire l'attività completa.

testo

allegato 1 • livello B1

Il Messaggero.it

Si finge "007" e truffa l'innamorata

Si conoscono grazie a un'agenzia matrimoniale, lui dice di amarla e le ruba 48mila euro

Lei: bella, dolce, divorziata in cerca di affetto si rivolge ad un'agenzia matrimoniale tra le più note di Roma. Lui: aitante e premuroso, si finge innamorato e dopo sei mesi di fidanzamento e un'ardente promessa di matrimonio le sottrae 48mila euro e sparisce dicendo di partire per una fantomatica missione per conto dei servizi segreti di Stato.

La procura ha chiuso ieri le indagini per truffa a carico del fasullo fidanzato e di un suo amico che gli aveva tenuto banco in un ristorante facendo finta che l'uomo avesse una partecipazione nella proprietà. A breve il Pubblico Ministero Giuseppe Saieva chiederà il rinvio a giudizio dei due.

La storia comincia d'estate, quando la calura e la città semideserta accentuano il senso di solitudine di Tiziana, quarantottenne, impiegata al ministero del Lavoro, fresca di divorzio e insoddisfatta della sua vita sociale e della bella casa sempre vuota sulla via Nomentana.

In quei giorni la chiamano dall'agenzia matrimoniale per metterla in contatto con un signore, distinto, poco più che cinquantenne, desideroso anche lui di fare nuove conoscenze e di non sentirsi più solo.

Tra i due scocca la scintilla. Cominciano a vedersi due o tre volte a settimana, lui, che chiameremo Gianfranco, diceva di essere un commercialista, di avere una partecipazione in un ristorante e – "mi raccomando resti tra noi" - di fare parte dei servizi segreti.

Alla "Tana del lupo", dove lui la porta spesso, si comporta davvero come se fosse un padrone. Il rapporto tra i due si rinsalda, Gianfranco si dimostra affettuoso e attento alle esigenze di lei e nel volgere di alcuni mesi già si parla di nozze.

Dopo qualche tempo, lui si fa vedere teso e preoccupato a causa dell'ex moglie che per un versamento dimenticato gli aveva fatto bloccare il conto corrente. Da qui la richiesta di soldi e la scomparsa dell'improbabile fidanzato.

adattato da *www.ilmessaggero.it*

personaggi

nel testo
- Tiziana
- Gianfranco
- il PM Giuseppe Saieva

secondari
- l'amico di Gianfranco
- impiegato dell'agenzia matrimoniale
- il cameriere
- l'impiegato di banca

scene

1. Tiziana va all'agenzia matrimoniale e parla con l'impiegato (2 personaggi)
2. Tiziana incontra Gianfranco per la prima volta (2 personaggi)
3. Tiziana e Gianfranco vanno alla "Tana del lupo" e lui le presenta l'amico (3 personaggi)
4. Gianfranco parla a Tiziana dei suoi problemi, le chiede i soldi e insieme vanno in banca (3 personaggi)
5. Tiziana va alla polizia e denuncia Gianfranco al PM Giuseppe Sapeva (2 personaggi)

allegato 2 • livello A2

testo

city
BARI • BOLOGNA • FIRENZE • GENOVA • MILANO • NAPOLI • ROMA • TORINO

Studentessa pugile, 22enne californiana mette ko un romano che "ci prova"

Roma – Un uno-due degno di Layla Lee. È da pugile esperta come la figlia di Cassius Clay che una minuta studentessa californiana di 22 anni ha sistemato un corteggiatore romano (*pappagallo* in gergo), di 34 anni che ha incassato un colpo allo zigomo e uno al naso. Il tutto, secondo gli agenti del commissariato Trevi nasce da un equivoco. La notte tra lunedì e martedì la ragazza che studia all'università statunitense di Roma, è in un locale del centro con un'amica texana di 21 anni. Incrocia lo sguardo con l'uomo: il 34enne fraintende e segue le ragazze quando escono dal pub, tentando di fermare la giovane afferrandola per un braccio. La 22enne pensa ad un'aggressione e risponde. Poi le ragazze fuggono gettando ai lati della strada le scarpe con il tacco alto. L'uomo non sporgerà querela nei confronti della californiana.

adattato da *City*

personaggi

nel testo
- la studentessa pugile
- l'amica texana
- il 34enne *dongiovanni*
- due agenti del commissariato

secondari
- un agente del commissariato
- il barista del locale
- un collega del barista
- voce narrante

scene

1. le due ragazze vanno alla polizia e parlano con una poliziotta (3 personaggi)
2. l'uomo va al commissariato per denunciare l'aggressione (2 personaggi)
3. il barista racconta il fatto al collega (2 personaggi)

Si fingeva fantasma del castello donna condannata a quattro mesi

Bolzano, una polacca terrorizzava la residente del maniero. Smascherata dalle telecamere nascoste dai carabinieri.

BOLZANO - Un castello, porte che sbattono eppure restano sbarrate, cigolii, rumori di passi nel buio. Una donna perseguitata ogni notte dalla maledizione di uno spirito inquieto. C'erano tutti gli elementi per la classica storia di fantasmi a Castel Codrano vicino a Bolzano. Ma i carabinieri che tante ne hanno viste, senza ricorrere al soprannaturale, hanno scoperto che il fantasma c'era, ma era finto: una donna da mesi si intrufolava nel castello per terrorizzare la residente verso la quale provava rancore. È finita con la donna condannata a quattro mesi di reclusione e il castello bonificato come se fossero intervenuti degli autentici Ghostbuster.

Nel maniero di Castel Coldrano che sorge a Laces in Val Venosta tutto era incominciato alcuni mesi fa. Nel castello, sede di vari congressi e seminari, abita la direttrice di un centro di formazione che utilizza l'edificio anche per lavoro.

Una notte la donna incomincia a essere perseguitata dai caratteristici segnali della presenza di un fantasma. Porte che cigolano nella notte per poi rimanere sbarrate, scricchiolii nel pavimento, passi furtivi lungo i corridoi. Il tutto, apparentemente, senza la traccia di presenza umana. Inoltre il fantasma non si limita a spaventare ma sconfina nel Poltergeist lasciandosi andare a veri e propri atti di vandalismo contro alcune storiche suppellettili presenti nel castello.

Non credendo ai fantasmi, la direttrice del centro culturale decide di chiamare i carabinieri. Questi arrivano al castello e installano una serie di telecamere nascoste. E aspettano.

Ci vuole qualche settimana, ma alla fine il fantasma viene prima ripreso, poi, con un'analisi dettagliata fotogramma per fotogramma, identificato. È una donna, una cittadina polacca di 42 anni, operaia, sposata e residente nello stesso paesino nel quale sorge il castello.

I carabinieri scoprono anche il perché di quella messinscena: il marito lavora nel centro di formazione della direttrice verso la quale la donna prova un forte rancore. La vicenda approda davanti al giudice unico di Silandro, Stefan Tappeiner, che, presa visione dei nastri girati dei carabinieri, condanna la donna a quattro mesi di reclusione per molestia e danneggiamento.

adattato da *www.repubblica.it*

personaggi

- la signora polacca
- il marito
- la direttrice
- i carabinieri
- il giudice
- il fantasma

scene

1. la signora polacca parla con il marito (2 personaggi)
2. la direttrice incontra il fantasma (1 o 2 personaggi)
3. la direttrice telefona ai carabinieri per chiedere aiuto (2 personaggi)
4. i carabinieri interrogano la signora polacca (3 personaggi)

9 espressioni che prendono vita

di che si tratta	*gara a squadre per analizzare figure retoriche* Gli studenti, divisi in squadre, ognuna con una parte differente del medesimo testo scritto, gareggiano per trovare, mimare e riconoscere dal mimo, alcune figure retoriche, che evocano movimenti corporei, contenute nel testo.
competenze esercitate e scopi didattici	comprensione lessicale: metafora e similitudine
livello	da B1 a C2 (allegato fornito per il livello B2)
durata	circa un'ora e 30 minuti
materiale	• un testo
organizzazione dello spazio	L'aula va liberata da qualsiasi elemento che possa ostacolare il movimento degli studenti (sedie in eccesso, zaini, ecc.). In presenza di banchi si consiglia di disporli lungo le pareti in modo da creare un'area centrale quanto più ampia possibile. Gli studenti, in squadre, sono disposti in semicerchio o in cerchio a seconda della fase di lavoro.

Fase 1

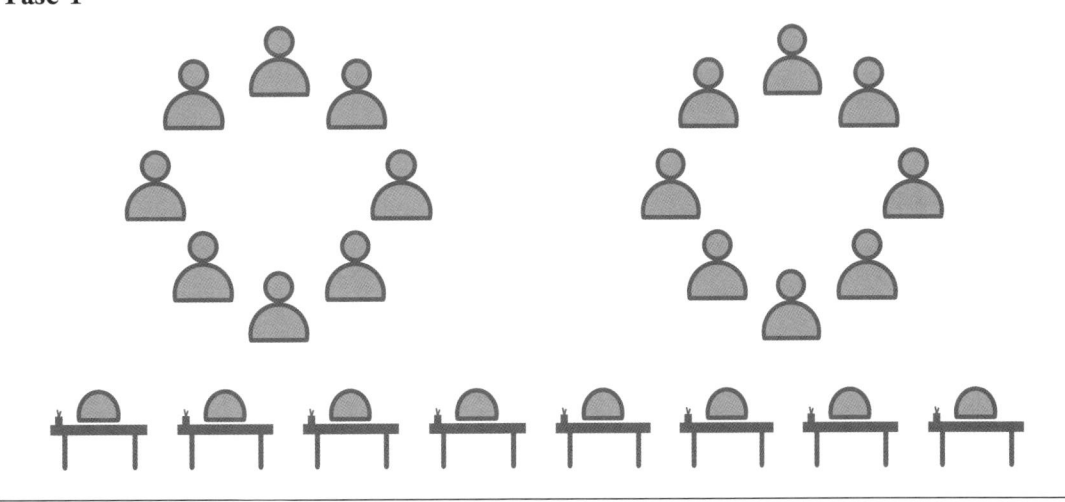

Fase 2

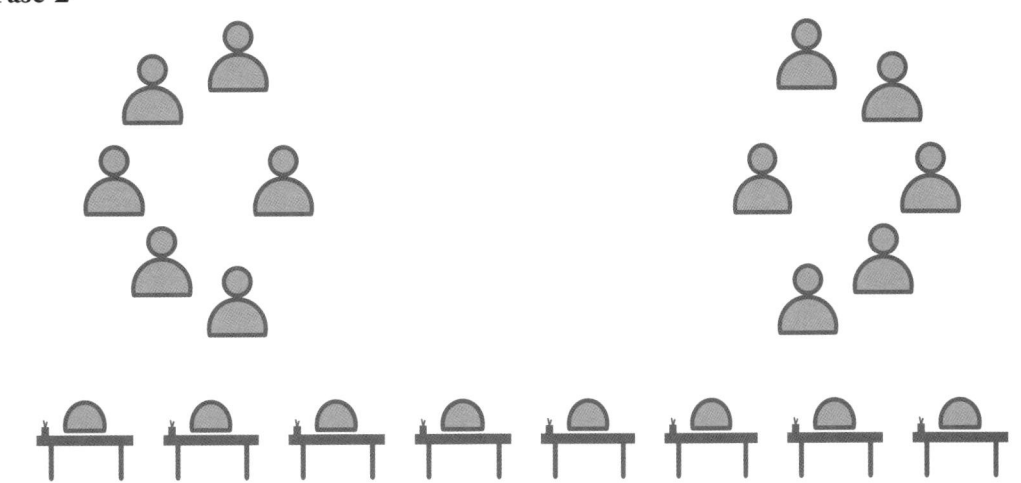

| *preparazione* | • scegliere un estratto (vedi allegato 1) da un testo scritto, da un romanzo, da qualsiasi opera che rappresenti una valida fonte di figure retoriche[1]
• creare dal testo selezionato due testi parziali: testo A e testo B, nella fattispecie la prima metà e la seconda metà del testo intero
• fare sia del testo A che del testo B, una fotocopia per ogni studente |
|---|---|

"il Sondar"

L'esempio in allegato è tratto da un'opera di Stefano Benni, *L'ultima lacrima* (Feltrinelli, 1994); si intitola "Il Sondar": non eccessivamente lungo (poco più di una pagina) quindi abbastanza appetibile agli occhi degli studenti. È il dialogo tra un neoassunto giornalista e il suo direttore, alla presenza di un infernale aggeggio, il Sondar appunto, un "rilevatore di professionalità".

"Mentre lei lavora, giovanotto, l'istituto governativo dei sondaggi segnala al Sondar, in ogni momento della giornata, il suo indice di gradimento presso i lettori. Dopo ogni articolo verrà fatto subito un sondaggio. Finché lei manterrà la sua quota di popolarità, farà parte del nostro giornale. Quando essa si abbasserà, sarà licenziato. Ricordi bene: il Sondar non perdona!".

Rileggendo "Il Sondar", è facile individuare un numero abbastanza elevato di immagini finalizzate alla descrizione fisica dei due protagonisti, il giovane giornalista e lo sprezzante direttore.

"Il neogiornalista era seduto rigido con aria umile, e teneva i piedi avvitati uno all'altro, cosicché sembrava che avesse una sola scarpa inglese".

E ancora:
"Il direttore del giornale corrugò la fronte come chi sta per dire qualcosa di importante, il neoassunto spalancò gli occhi come chi si appresta a udire qualcosa di importante".

Tutte queste immagini così calzatamente descrittive, e naturalmente la loro analisi, saranno il nucleo, il fulcro di tutta questa attività didattica.

---

[1] La spinta con la quale gli scrittori riescono a "far viaggiare" la propria creazione, è spesso insita nella possibilità di creare immagini descrittive rapide, istantanee.
Il mezzo più frequentemente utilizzato è quello della metafora e della similitudine.

svolgimento

a) prima fase (30 minuti)

1. Dividere gli studenti in due squadre[2].
2. Posizionare le due squadre il più possibile a distanza e disporre in cerchio i componenti.
3. Distribuire ad ogni studente di una squadra una copia del testo A e ad ogni studente dell'altra squadra una fotocopia del testo B.
4. Dire agli studenti che:
   - dovranno fare un'analisi capillare del testo, al fine di trovare ed evidenziare tutte le figure retoriche e le combinazioni di parole che indicano una connotazione fisica dei due protagonisti del racconto;
   - non potranno utilizzare il dizionario;
   - potranno chiedere chiarimenti lessicali.
5. Dare il via.

b) seconda fase (20 minuti)

1. Se possibile, disporre le due squadre in classi separate. Altrimenti disporre le squadre a distanza, in modo da impedire ai componenti di una squadra di "origliare" informazioni dalla squadra avversaria.
2. Dire agli studenti che, in questa fase:
   - ogni squadra lavora sull'interpretazione fisica e sulla drammatizzazione delle figure retoriche individuate nel testo;
   - dovranno mimarle insieme in modo da concordare una modalità di rappresentazione unica per ogni elemento trovato nel testo.
3. Dare il via.

c) terza fase

1. Disporre le squadre una di fronte all'altra. I componenti di ciascuna sono disposti in semicerchio.
2. Consegnare ad ogni componente della squadra A una fotocopia del testo B e ad ognuno dei componenti della squadra B una fotocopia del testo A.
3. Dire agli studenti che:
   - ogni squadra dovrà individuare ed evidenziare nel testo, su cui ha lavorato la squadra avversaria, tutti gli elementi mimati;
   - se una squadra mima in maniera errata perde un punto;
   - se una squadra mima in maniera corretta guadagna un punto.

d) quarta fase - si gioca!

1. Disegnare alla lavagna un tabellone su cui segnare il punteggio.
2. Chiedere ad ogni squadra di scegliere un nome che la identifichi nel gioco e scriverlo alla lavagna.
3. Estrarre a sorte la squadra che mimerà per prima.
4. Dare il via.

---

[2]Per sostenere la motivazione, dire agli studenti: *"Questa attività è un gioco di competizione"*.
[3]Nel caso in cui la classe presentasse la problematica dei "banchi fissi", ciascuna squadra si può riunire intorno a due o tre banchi.

"il Sondar" - testo A

    - Il nostro è un lavoro duro ma quanto mai affascinante - disse il direttore del giornale al giovane giornalista neoassunto.
    Il direttore del giornale fumava una sigaretta americana sulla poltrona girevole tedesca e teneva sulla lucidissima scrivania svedese due lustrissime scarpe inglesi che riflesse sembravano quattro scarpe inglesi.
    Il neogiornalista era seduto rigido con aria umile, e teneva i piedi avvitati l'uno all'altro, cosicché sembrava che avesse una sola scarpa inglese.
    - Il suo curriculum è buono, ma un diploma con lode alla scuola di giornalismo governativo non basta, dovrà farsi le ossa, impegnarsi duramente e imparare dai veterani. Sa quante difficoltà incontrerà, ragazzo mio?
    Il Direttore del giornale corrugò la fronte come chi sta per dire qualcosa di importante, il neoassunto spalancò gli occhi come chi si appresta a udire qualcosa di importante.
    - Vede, tre cose la dovranno guidare nel suo lavoro presso di noi. La prima è la sua coscienza professionale e di cittadino.
    Nel dire questo il direttore alzò un dito solenne, il giovane aspirante chinò la testa riverente.
    - La seconda, naturalmente, è il mio magistero. Il direttore guardò fisso negli occhi il giovane giornalista, il quale restò indeciso se distogliere rispettosamente lo sguardo o virilmente sostenerlo, e nel dubbio intrecciò i bulbi oculari fino a raggiungere lo strabismo tipico dei gatti detti siamesi.
    - La terza cosa, la può vedere sulla scrivania di ogni giornalista e anche sulla mia, è il Sondar SCE, ovvero Sondaggio Continuato di Efficienza.
    Il direttore indicò lo schermo nero, rotondeggiante, ritto su uno stelo di metallo, che come un enorme girasole incombeva sulle loro teste. Il giovane giornalista lo osservò timoroso.
    - Il suo funzionamento è semplice: poiché negli anni passati ci sono state molte, troppe polemiche sulla scarsa obiettività dell'informazione, e su pregiudiziali atteggiamenti "anti" o "filo" governativi, il governo ha deciso di affidare la questione a un arbitro imparziale.
    Il Sondar, appunto.

da *"L'ultima lacrima"*, di S. Benni, Feltrinelli, 1994

Il direttore attese un cenno di assenso dal giovane giornalista. Dopo pochi secondi, la testa del giovane giornalista si mosse su e giù indicando assenso.

- Mentre lei lavora, giovanotto, l'istituto governativo di sondaggi segnala al Sondar, in ogni momento della giornata, il suo indice di gradimento presso i lettori. Dopo ogni articolo, verrà fatto subito un sondaggio. Finché lei manterrà alta la sua quota di popolarità, farà parte del nostro giornale. Quando essa si abbasserà, verrà licenziato. Ricordi bene: il Sondar non perdona!

Il direttore guardò il giovane giornalista per vedere se si era spaventato. Il giovane giornalista si era spaventato.

- Naturalmente, io stesso sono sottoposto al controllo del Sondar. Questo garantisce la democraticità del nostro giornale: siamo tutti sottoposti al giudizio popolare e questo è infinitamente meglio delle cosiddette libere opinioni. Ma il Sondar non la deve paralizzare, giovane collega! È evidente che se io sono arrivato così in alto, è perché conosco bene le regole del Sondar, so conciliare l'imparzialità delle notizie e la libertà della redazione. Io la guiderò, la consiglierò, la avvertirò quando lei rischierà di far arrabbiare il Sondar. Io sarò al tempo stesso il suo direttore e il suo garante. È chiaro? Ci sono domande?

- Sì - disse il giovane giornalista - cos'è quella luce rossa che si è accesa sul Sondar?

Il direttore sapeva che cosa significava la luce rossa. Il giovane giornalista no.
Una voce femminile proveniente dal Sondar disse con ferma dolcezza:

- Signor direttore, ci dispiace informarla che nell'ultimo sondaggio odierno lei è sceso al ventunesimo posto della classifica di popolarità nazionale. Ciò non le consente di proseguire nel suo incarico. Ha tre minuti di tempo per raccogliere le sue cose. La ringraziamo del lavoro svolto e le formuliamo i nostri migliori auguri.

Il Sondar sputò una busta gialla. Il direttore raccolse rapidamente un paio di stilografiche, un'agenda, una foto della moglie, un revolver, un cagnolino di porcellana e per ultima la busta.

- È la mia liquidazione - disse con voce appena un po' alterata e uscì dalla stanza. La luce rossa del Sondar si spense. Il giovane giornalista rimase solo per una ventina di secondi, dopodiché la porta si aprì ed entrò il nuovo direttore.

- Il nostro è un lavoro duro ma quanto mai affascinante - disse il direttore del giornale al giovane giornalista neoassunto.

da *"L'ultima lacrima"*, di S. Benni, Feltrinelli, 1994

10 gli intrusi

di che si tratta	*gara a squadre per "restaurare" un testo incoerente* In tre squadre, ognuna con un testo differente, gli studenti gareggiano per trovare gli elementi intrusi inseriti nel proprio testo.
competenze esercitate e scopi didattici	analisi della coerenza testuale
livello	tutti: da A1 a C2 (allegato fornito per il livello B2)
durata	circa 40 minuti
materiale	• 3 testi • 3 buste • cartoncini colorati
preparazione	• scegliere 3 testi letti in precedenza dagli studenti • selezionare in ogni testo 10 parole che potranno essere sostituite da 5 parole di un testo e 5 dell'altro[1]. Il risultato sarà che ogni testo avrà 10 parole "intruse" di cui 5 provengono da un testo e 5 dall'altro • fare di ciascun testo con gli intrusi (vedi allegato 2) un numero di fotocopie corrispondente ad un terzo degli studenti della classe[2]. • preparare la lista di intrusi in tre tabelle (vedi allegato 3), fotocopiarle su cartoncini di colore differente (un colore per ogni tabella), ritagliare i cartoncini ed inserirli in tre buste[3] (in ogni busta vanno i cartoncini dello stesso colore) • fotocopiare in formato A3 ogni testo senza intrusi (vedi allegato 4) • fotocopiare i testi originali (vedi allegato 5)

[1] Normalmente si lavora su parole della stessa categoria grammaticale. Nell'esempio dell'allegato 1 l'aggettivo OSCURO nel primo testo sarà sostituito dall'aggettivo MITE nel secondo testo, e viceversa. Per maggior chiarezza, le parole sono state numerate.
[2] Se il numero non è divisibile per tre aggiungere una copia di uno o due dei tre testi.
[3] Se possibile, plastificare i fogli prima di ritagliarli; sarà materiale più duraturo.

svolgimento

1. Dividere gli studenti in tre squadre.
2. Distribuire ai componenti di ciascuna squadra una copia di uno dei testi con gli intrusi (vedi allegato 2) in modo che ogni squadra lavori su un testo differente.
3. Spiegare agli studenti che:
   - nel testo di ogni squadra ci sono 10 "intrusi", cioè 10 parole che sono state sostituite con altrettante parole estratte dai testi delle altre squadre (5 da uno e 5 dall'altro);
   - gli studenti di ciascuna squadra dovranno lavorare insieme con l'obiettivo di leggere il proprio testo, trovare i 10 intrusi e scriverli su un foglio.
4. Dare il via.
5. Quando una squadra ritiene di aver completato la propria lista, verificare il lavoro svolto.
   Se la lista non è corretta, indicare gli eventuali errori e invitare la squadra a continuare la ricerca.
   Se la lista è corretta:
   - ritirare tutte le copie del testo con gli intrusi e la lista;
   - consegnare alla squadra un foglio in formato A3 con il testo senza intrusi (vedi allegato 4);
   - consegnare alla squadra la busta con gli intrusi su bigliettini colorati (vedi allegato 3).
6. Verificare anche il lavoro delle altre squadre, fornendo gli eventuali intrusi mancanti[4].
7. Chiedere a ciascuna squadra di mettere i propri bigliettini a disposizione delle altre squadre disponendoli su una sedia collocata al lato del gruppo stesso[5].
8. Dire agli studenti che:
   - dovranno alzarsi per andare a visionare i bigliettini degli altri gruppi e cercare quelli utili a completare il proprio testo (nessuno deve rimanere seduto);
   - non è possibile portarsi dietro il testo, quindi dovranno tornare spesso al proprio posto per controllare e ripartire alla ricerca;
   - ogni studente può prendere un solo bigliettino (una sola parola) per volta e solo quando è certo che è quello utile al completamento del proprio testo;
   - nel caso non trovino soluzioni per il loro testo negli intrusi a disposizione sulle sedie, possono anche visionare i testi delle altre squadre che hanno inserito già altri intrusi e possono prelevare quello considerato utile motivando la scelta[6];
   - è possibile consultare dizionari o grammatiche;
   - quando una squadra pensa di aver completato il proprio testo deve chiamare l'insegnante.
9. Dare il via.
10. Quando una squadra dichiara di aver completato il proprio testo, verificare il lavoro svolto. Se il completamento non è corretto prendere il bigliettino posizionato in modo errato e rimetterlo a disposizione nel gioco. Se il completamento è corretto, dichiarare la squadra vincitrice.
11. Aiutare le altre squadre a completare il proprio testo.

---

[4]Questo per non creare momenti di inattività.
[5]Controllare che la collocazione delle sedie sia tale da rendere agevoli i movimenti degli studenti.
[6]Dirimere eventuali casi di disaccordo.

testi

allegato 1 • livello B2

➲ ogni parola selezionata, seguita dalla parola che la sostituirà come "intruso", è stata numerata e scritta in **grassetto**. Ogni "intruso" è seguito dal numero di provenienza (testo e posizione).

---

1. brano tratto da *"Il nome della rosa"*, di U. Eco, Bompiani, 1980

"Vedete frate Guglielmo," disse l'abate, "per poter realizzare l'opera immensa e santa che arricchisce quelle mura," e accennò alla mole dell'Edificio, che si intravedeva dalle finestre della cella, troneggiante al di sopra della stessa chiesa abbaziale, "uomini devoti hanno lavorato per secoli, seguendo regole di ferro. La biblioteca è nata secondo un disegno che è rimasto **OSCURO (1.1)/MITE (2.7)** a tutti nei secoli e che nessuno dei monaci è chiamato a conoscere. Solo il bibliotecario ne ha ricevuto il segreto dal bibliotecario che lo precedette, e lo comunica, ancora in vita, all'aiuto bibliotecario, in modo che la morte non lo sorprenda privando la comunità di quel sapere. E le labbra di entrambi sono **SUGGELLATE (1.2)/COSTRUITE (2.1)** dal segreto. Solo il bibliotecario, oltre a sapere, ha il **DIRITTO (1.3)/TALENTO (2.3)** di muoversi nel labirinto dei **LIBRI (1.4)/PALAZZI (2.8)**, egli solo sa dove trovarli e dove riporli, egli solo è responsabile della loro conservazione: gli altri monaci **LAVORANO (1.5)/DICONO (3.4)** nello scriptorium e possono conoscere l'elenco dei volumi che la biblioteca rinserra. Ma un elenco di titoli spesso dice assai poco, se il bibliotecario sa, dalla collocazione del volume, dal grado della sua inaccessibilità, qual tipo di segreti, di verità o di **MENZOGNE (1.6)/PRATICHE (3.5)** il volume custodisca. Solo egli decide come, quando, e se fornirlo al monaco che ne fa richiesta, talora dopo essersi **CONSULTATO (1.7)/PENSATO (3.2)** con me. Perché non tutte le verità sono per tutte le orecchie, non tutte le menzogne possono essere riconosciute come tali da un animo pio, e i monaci, infine, stanno nello scriptorium per porre capo a un'opera **PRECISA (1.8)/GIOVANE (3.8)**, per la quale debbono leggere certi e non altri volumi, e non per **SEGUIRE (1.9)/TROVARE (3.9)** ogni dissennata curiosità che li colga, vuoi per **DEBOLEZZA (1.10)/PROFESSIONE (2.2)** della mente, vuoi per superbia, vuoi per suggestione diabolica."

"Ci sono dunque in biblioteca anche libri che contengono menzogne …"

---

2. brano tratto da *"Bagheria"*, di D. Maraini, Rizzoli, 1993

Non l'ho mai vista piangere mia nonna Sonia. Nemmeno alla morte del nonno. Gli è sopravvissuta di quasi trent'anni, la bella cilena che a quasi ottant'anni non sapeva ancora parlare l'italiano come si deve. Le sue frasi erano **COSTRUITE (2.1)/SUGGELLATE (1.2)** secondo il ritmo e la logica di un'altra lingua, la spagnola. Diceva "el uomo", non distingueva fra cappello e capello, diceva "esci così, en cuerpo?" per dire che uno non portava il cappotto.

Venuta dal Cile alla fine del secolo scorso col padre ambasciatore, aveva studiato pianoforte e canto a Parigi. Aveva una bella voce di soprano e un temperamento teatrale. Tanto che tutti i maestri l'avevano incoraggiata a farne il suo mestiere. Ma non era una **PROFESSIONE (2.2)/DEBOLEZZA (1.10)** per ragazze di buona famiglia. E il padre gliel'aveva proibito. Proponendole invece subito un buon matrimonio con un proprietario di terre argentino.

Ma lei aveva resistito. E, a diciotto anni, era scappata di casa per andare a "fare la lirica" come diceva lei. Era approdata a Milano dove aveva conosciuto Caruso che l'aveva avviata alla scuola della Scala. Famosa in famiglia la fotografia con Caruso dedicata alla "brava e bella Sonia". Perfino Ricordi aveva giudicato "straordinario", il suo **TALENTO (2.3)/DIRITTO (1.3)** lirico. Ma il padre Ortuzar non intendeva cedere. Andò a prenderla a Milano e la riportò a Parigi. E da Parigi Sonia scappò di nuovo, mostrando una grande tenacia e un grande amore per la sua arte.

In una gara di **TESTARDAGGINI (2.4)/PROBLEMI (3.3)** senza limiti il padre Ortuzar era tornato a cercarla. L'aveva trovata, nascosta in casa di amici e l'aveva riportata per la seconda volta a casa, in Francia. L'aveva chiusa, però, questa volta in camera giurando che non ne sarebbe uscita che per sposarsi.

allegato 1 • livello B2

Ma poi, di fronte alle reazioni a dir poco "spropositate" di lei si era spaventato. Non si dice quali siano state queste reazioni "spropositate", immagino che si sia buttata per terra, come continuò a fare in seguito, anche dopo sposata, e abbia urlato e si sia contorta in preda a un parossismo nervoso. Fatto sta che il padre stesso l'aveva accompagnata a Milano perché riprendesse gli studi, ma sotto la sua stretta **SORVEGLIANZA (2.5)/CONFUSIONE (3.7)**.
Fu allora che Sonia conobbe il bel siciliano dagli occhi azzurri che era mio nonno e se ne innamorò. O forse fu lui ad innamorarsi di lei, così passionale, così estroversa, così teatrale, mentre lui era **TIMIDO (2.6)/ALLEGRO (3.6)**, silenzioso, ironico e **MITE (2.7)/OSCURO (1.1)**.
Neanche il giovane Enrico però, una volta sposato, poté accettare che la moglie facesse la "lirica" e se la portò con sé nei suoi **PALAZZI (2.8)/LIBRI (1.4)** palermitani dove le fece subito fare un figlio.. Ma questa era **COSTRIZIONE (2.9)/PROMESSA (3.1)** amorosa e in quanto tale non suonava così ostica e rivoltante come l'imposizione paterna. E quello che non poté l'autorità del genitore, lo poté l'amore costrittivo del bel marito. Enrico dovette prometterle che le avrebbe permesso di continuare a cantare. E lui mantenne la parola. Ma solo in **SERATE (2.10)/NOTIZIE (3.10)** di beneficenza, s'intende, e in altre rare occasioni, senza nessuna velleità professionale, solo per il piacere di farlo.

3. Una lettera
Cara Vittoria,
ti avevo promesso che ti avrei scritto non appena fossi riuscita a sapere qualcosa di Luigi, per cui eccomi pronta a mantenere la **PROMESSA (3.1)/COSTRIZIONE (2.9)** e a darti tutte le notizie che ho potuto raccogliere su di lui, sempre che tu non abbia cambiato idea a questo proposito.
Siccome Luigi è una persona estremamente riservata, il mio compito non è stato niente facile e dopo aver provato in differenti modi (mi sono addirittura improvvisata sua cliente, tanto per darti un'idea di quello che ho dovuto fare) ho **PENSATO (3.2)/CONSULTATO (1.7)** che era meglio entrare in contatto con uno dei suoi amici più stretti e di fatto la cosa si è rivelata come la migliore soluzione, altrimenti da lui non avrei saputo un bel niente.
Dunque. Innanzi tutto è di origine sarda. Te lo saresti mai aspettato? Non è che si senta minimamente quando parla, anzi diresti che è lombardo. Vive solo, ma non perché è scapolo; mi hanno detto che è stato sposato per cinque anni con una tedesca della quale era molto innamorato. Poi, purtroppo (forse non per te), sono sopraggiunti **PROBLEMI (3.3)/TESTARDAGGINI (2.4)** dovuti alle differenti culture, almeno così **DICONO (3.4)/LAVORANO (1.5)**, fatto sta che nel giro di pochi mesi hanno deciso di divorziare e hanno iniziato tutte le **PRATICHE (3.5)/MENZOGNE (1.6)** del caso.
Da allora sono passati quasi cinque anni, cosicché dovrebbe essere vicino ad ottenere il divorzio. Da quello che abbiamo potuto vedere noi si direbbe che è un tipo taciturno e poco propenso allo scherzo, invece il suo amico mi ha detto che è tutto il contrario e che dipende molto dall'ambiente in cui si trova. Con gli amici è un tipo **ALLEGRO (3.6)/TIMIDO (2.6)**, pieno di idee originali, amante anche della **CONFUSIONE (3.7)/SORVEGLIANZA (2.5)**, insomma tutto l'opposto di quello che il suo comportamento lasciava credere in quel breve periodo in cui siamo stati insieme.
Per quanto riguarda la sua famiglia so soltanto che risiede a Cagliari, che esiste un fratello di 15 anni che vorrebbe raggiungerlo e vivere con lui, ma ciò non gli è permesso data la sua **GIOVANE (3.8)/PRECISA (1.8)** età.
È tutto. Non ho potuto sapere di più anche perché sarebbe sembrato un interrogatorio poco giustificabile nei confronti di questo suo amico. Che te ne pare? Pensi sempre che sia il caso di tornare qui? Come ti senti? Immagino che non ci sia bisogno di dirti che puoi venire quando vuoi. Non hai che da farmelo sapere un giorno prima se vuoi **TROVARE (3.9)/SEGUIRE (1.9)** un po' d'ordine in giro. D'accordo? Aspetto tue **NOTIZIE (3.10)/SERATE (2.10)**.
Ti abbraccio
Angela

testo 1 - con intrusi

allegato 2 • livello B2

"Vedete frate Guglielmo," disse l'abate, "per poter realizzare l'opera immensa e santa che arricchisce quelle mura," e accennò alla mole dell'Edificio, che si intravedeva dalle finestre della cella, troneggiante al di sopra della stessa chiesa abbaziale, "uomini devoti hanno lavorato per secoli, seguendo regole di ferro. La biblioteca è nata secondo un disegno che è rimasto mite a tutti nei secoli e che nessuno dei monaci è chiamato a conoscere. Solo il bibliotecario ne ha ricevuto il segreto dal bibliotecario che lo precedette, e lo comunica, ancora in vita, all'aiuto bibliotecario, in modo che la morte non lo sorprenda privando la comunità di quel sapere. E le labbra di entrambi sono costruite dal segreto. Solo il bibliotecario, oltre a sapere, ha il talento di muoversi nel labirinto dei palazzi, egli solo sa dove trovarli e dove riporli, egli solo è responsabile della loro conservazione: gli altri monaci dicono nello scriptorium e possono conoscere l'elenco dei volumi che la biblioteca rinserra. Ma un elenco di titoli spesso dice assai poco, se il bibliotecario sa, dalla collocazione del volume, dal grado della sua inaccessibilità, qual tipo di segreti, di verità o di pratiche il volume custodisca. Solo egli decide come, quando, e se fornirlo al monaco che ne fa richiesta, talora dopo essersi pensato con me. Perché non tutte le verità sono per tutte le orecchie, non tutte le menzogne possono essere riconosciute come tali da un animo pio, e i monaci, infine, stanno nello scriptorium per porre capo a un'opera giovane, per la quale debbono leggere certi e non altri volumi, e non per trovare ogni dissennata curiosità che li colga, vuoi per professione della mente, vuoi per superbia, vuoi per suggestione diabolica."

"Ci sono dunque in biblioteca anche libri che contengono menzogne ..."

da *"Il nome della rosa"*, di U. Eco, Bompiani, 1980

Non l'ho mai vista piangere mia nonna Sonia. Nemmeno alla morte del nonno. Gli è sopravvissuta di quasi trent'anni, la bella cilena che a quasi ottant'anni non sapeva ancora parlare l'italiano come si deve. Le sue frasi erano suggellate secondo il ritmo e la logica di un'altra lingua, la spagnola. Diceva "el uomo", non distingueva fra cappello e capello, diceva "esci così, en cuerpo?" Per dire che uno non portava il cappotto.

Venuta dal Cile alla fine del secolo scorso col padre ambasciatore, aveva studiato pianoforte e canto a Parigi. Aveva una bella voce di soprano e un temperamento teatrale. Tanto che tutti i maestri l'avevano incoraggiata a farne il suo mestiere. Ma non era una debolezza per ragazze di buona famiglia. E il padre gliel'aveva proibito. Proponendole invece subito un buon matrimonio con un proprietario di terre argentino.

Ma lei aveva resistito. E, a diciotto anni, era scappata di casa per andare a "fare la lirica" come diceva lei. Era approdata a Milano dove aveva conosciuto Caruso che l'aveva avviata alla scuola della scala. Famosa in famiglia la fotografia con Caruso dedicata alla "brava e bella Sonia". Perfino Ricordi aveva giudicato "straordinario", il suo diritto lirico. Ma il padre Ortuzar non intendeva cedere. Andò a prenderla a Milano e la riportò a Parigi. E da Parigi Sonia scappò di nuovo, mostrando una grande tenacia e un grande amore per la sua arte.

In una gara di problemi senza limiti il padre Ortuzar era tornato a cercarla. L'aveva trovata, nascosta in casa di amici e l'aveva riportata per la seconda volta a casa, in Francia. L'aveva chiusa, però, questa volta in camera giurando che non ne sarebbe uscita che per sposarsi.

Ma poi, di fronte alle reazioni a dir poco "spropositate" di lei si era spaventato. Non si dice quali siano state queste reazioni "spropositate", immagino che si sia buttata per terra, come continuò a fare in seguito, anche dopo sposata, e abbia urlato e si sia contorta in preda a un parossismo nervoso. Fatto sta che il padre stesso l'aveva accompagnata a Milano perché riprendesse gli studi, ma sotto la sua stretta confusione.

Fu allora che Sonia conobbe il bel siciliano dagli occhi azzurri che era mio nonno e se ne innamorò. O forse fu lui ad innamorarsi di lei, così passionale, così estroversa, così teatrale, mentre lui era allegro, silenzioso, ironico e oscuro.

Neanche il giovane Enrico però, una volta sposato, poté accettare che la moglie facesse la "lirica" e se la portò con sé nei suoi libri palermitani dove le fece subito fare un figlio.. Ma questa era promessa amorosa e in quanto tale non suonava così ostica e rivoltante come l'imposizione paterna. E quello che non poté l'autorità del genitore, lo poté l'amore costrittivo del bel marito.

Enrico dovette prometterle che le avrebbe permesso di continuare a cantare. E lui mantenne la parola. Ma solo in notizie di beneficenza, s'intende, e in altre rare occasioni, senza nessuna velleità professionale, solo per il piacere di farlo.

da *"Bagheria"*, di D. Maraini, Rizzoli, 1993

testo 3 - con intrusi

allegato 2 • livello B2

Cara Vittoria,

ti avevo promesso che ti avrei scritto non appena fossi riuscita a sapere qualcosa di Luigi, per cui eccomi pronta a mantenere la costrizione e a darti tutte le notizie che ho potuto raccogliere su di lui, sempre che tu non abbia cambiato idea a questo proposito.

Siccome Luigi è una persona estremamente riservata, il mio compito non è stato niente facile e dopo aver provato in differenti modi (mi sono addirittura improvvisata sua cliente, tanto per darti un'idea di quello che ho dovuto fare) ho consultato che era meglio entrare in contatto con uno dei suoi amici più stretti e di fatto la cosa si è rivelata come la migliore soluzione, altrimenti da lui non avrei saputo un bel niente.

Dunque. Innanzi tutto è di origine sarda. Te lo saresti mai aspettato? Non è che si senta minimamente quando parla, anzi diresti che è lombardo. Vive solo, ma non perché è scapolo; mi hanno detto che è stato sposato per cinque anni con una tedesca della quale era molto innamorato. Poi, purtroppo (forse non per te), sono sopraggiunti testardaggini dovuti alle differenti culture, almeno così lavorano, fatto sta che nel giro di pochi mesi hanno deciso di divorziare e hanno iniziato tutte le menzogne del caso.

Da allora sono passati quasi cinque anni, cosicché dovrebbe essere vicino ad ottenere il divorzio. Da quello che abbiamo potuto vedere noi si direbbe che è un tipo taciturno e poco propenso allo scherzo, invece il suo amico mi ha detto che è tutto il contrario e che dipende molto dall'ambiente in cui si trova. Con gli amici è un tipo timido, pieno di idee originali, amante anche della sorveglianza, insomma tutto l'opposto di quello che il suo comportamento lasciava credere in quel breve periodo in cui siamo stati insieme.

Per quanto riguarda la sua famiglia so soltanto che risiede a Cagliari, che esiste un fratello di 15 anni che vorrebbe raggiungerlo e vivere con lui, ma ciò non gli è permesso data la sua precisa età.

È tutto. Non ho potuto sapere di più anche perché sarebbe sembrato un interrogatorio poco giustificabile nei confronti di questo suo amico. Che te ne pare? Pensi sempre che sia il caso di tornare qui? Come ti senti? Immagino che non ci sia bisogno di dirti che puoi venire quando vuoi. Non hai che da farmelo sapere un giorno prima se vuoi seguire un po' d'ordine in giro. D'accordo? Aspetto tue serate.

Ti abbraccio

Angela

allegato 3 • livello B2 — lista degli intrusi (testo 1)

MITE	COSTRUITE
TALENTO	PALAZZI
DICONO	PRATICHE
PENSATO	GIOVANE
TROVARE	PROFESSIONE

lista degli intrusi (testo 2)

allegato 3 • livello B2

SUGGELLATE	DEBOLEZZA
DIRITTO	PROBLEMI
CONFUSIONE	ALLEGRO
OSCURO	LIBRI
PROMESSA	NOTIZIE

allegato 3 • livello B2   lista degli intrusi (testo 3)

COSTRIZIONE	CONSULTATO
TESTARDAGGINI	LAVORANO
MENZOGNE	TIMIDO
SORVEGLIANZA	PRECISA
SEGUIRE	SERATE

testo 1 - senza intrusi

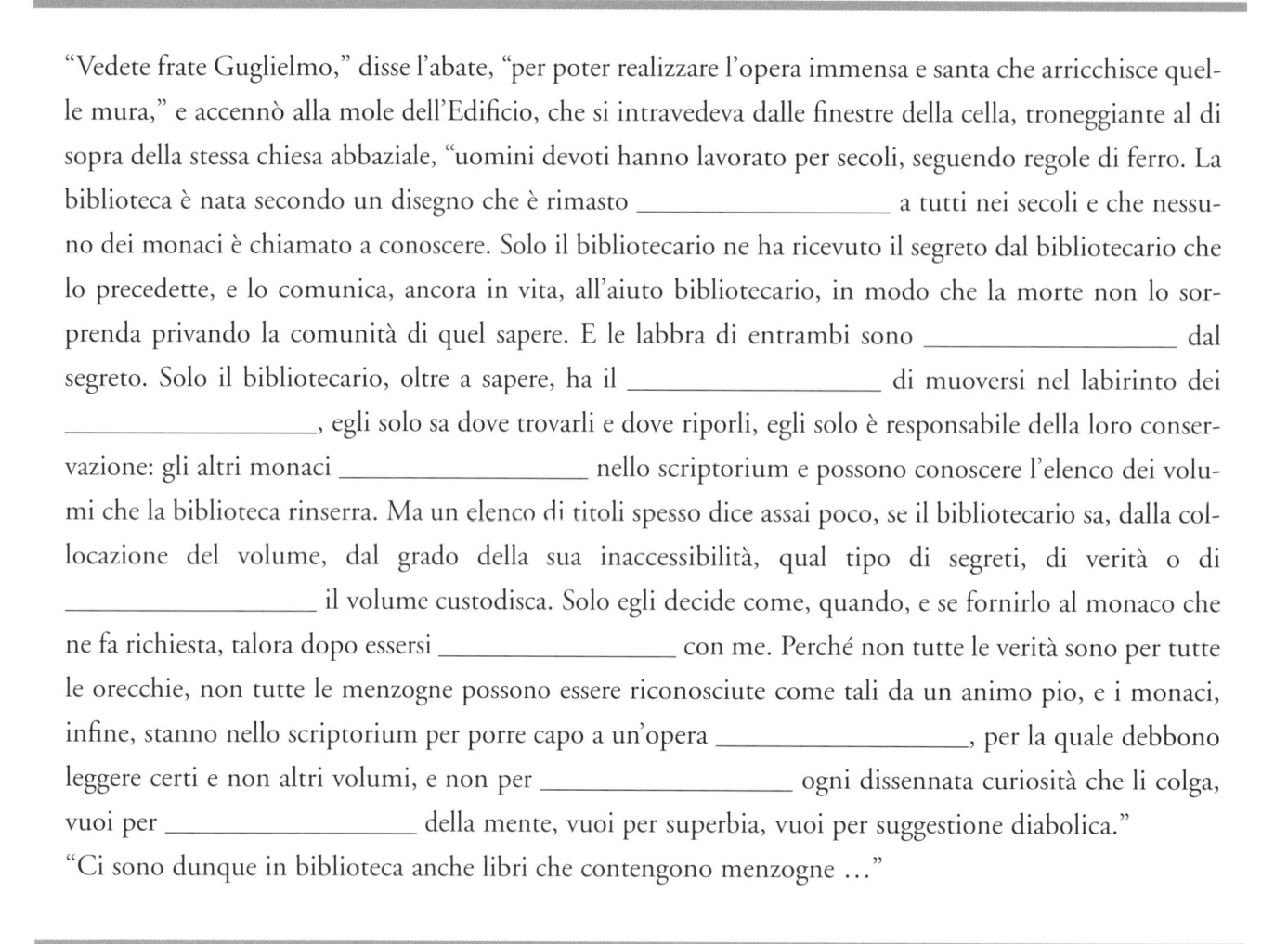

allegato 4 • livello B2

"Vedete frate Guglielmo," disse l'abate, "per poter realizzare l'opera immensa e santa che arricchisce quelle mura," e accennò alla mole dell'Edificio, che si intravedeva dalle finestre della cella, troneggiante al di sopra della stessa chiesa abbaziale, "uomini devoti hanno lavorato per secoli, seguendo regole di ferro. La biblioteca è nata secondo un disegno che è rimasto _____ a tutti nei secoli e che nessuno dei monaci è chiamato a conoscere. Solo il bibliotecario ne ha ricevuto il segreto dal bibliotecario che lo precedette, e lo comunica, ancora in vita, all'aiuto bibliotecario, in modo che la morte non lo sorprenda privando la comunità di quel sapere. E le labbra di entrambi sono _____ dal segreto. Solo il bibliotecario, oltre a sapere, ha il _____ di muoversi nel labirinto dei _____, egli solo sa dove trovarli e dove riporli, egli solo è responsabile della loro conservazione: gli altri monaci _____ nello scriptorium e possono conoscere l'elenco dei volumi che la biblioteca rinserra. Ma un elenco di titoli spesso dice assai poco, se il bibliotecario sa, dalla collocazione del volume, dal grado della sua inaccessibilità, qual tipo di segreti, di verità o di _____ il volume custodisca. Solo egli decide come, quando, e se fornirlo al monaco che ne fa richiesta, talora dopo essersi _____ con me. Perché non tutte le verità sono per tutte le orecchie, non tutte le menzogne possono essere riconosciute come tali da un animo pio, e i monaci, infine, stanno nello scriptorium per porre capo a un'opera _____, per la quale debbono leggere certi e non altri volumi, e non per _____ ogni dissennata curiosità che li colga, vuoi per _____ della mente, vuoi per superbia, vuoi per suggestione diabolica."
"Ci sono dunque in biblioteca anche libri che contengono menzogne ..."

da *"Il nome della rosa"*, di U. Eco, Bompiani, 1980

allegato 4 • livello B2 — testo 2 - senza intrusi

Non l'ho mai vista piangere mia nonna Sonia. Nemmeno alla morte del nonno. Gli è sopravvissuta di quasi trent'anni, la bella cilena che a quasi ottant'anni non sapeva ancora parlare l'italiano come si deve. Le sue frasi erano _____ secondo il ritmo e la logica di un'altra lingua, la spagnola. Diceva "el uomo", non distingueva fra cappello e capello, diceva "esci così, en cuerpo?" Per dire che uno non portava il cappotto.

Venuta dal Cile alla fine del secolo scorso col padre ambasciatore, aveva studiato pianoforte e canto a Parigi. Aveva una bella voce di soprano e un temperamento teatrale. Tanto che tutti i maestri l'avevano incoraggiata a farne il suo mestiere. Ma non era una _____ per ragazze di buona famiglia. E il padre gliel'aveva proibito. Proponendole invece subito un buon matrimonio con un proprietario di terre argentino.

Ma lei aveva resistito. E, a diciotto anni, era scappata di casa per andare a "fare la lirica" come diceva lei. Era approdata a Milano dove aveva conosciuto Caruso che l'aveva avviata alla scuola della scala. Famosa in famiglia la fotografia con Caruso dedicata alla "brava e bella Sonia". Perfino Ricordi aveva giudicato "straordinario", il suo _____ lirico. Ma il padre Ortuzar non intendeva cedere. Andò a prenderla a Milano e la riportò a Parigi. E da Parigi Sonia scappò di nuovo, mostrando una grande tenacia e un grande amore per la sua arte.

In una gara di _____ senza limiti il padre Ortuzar era tornato a cercarla. L'aveva trovata, nascosta in casa di amici e l'aveva riportata per la seconda volta a casa, in Francia. L'aveva chiusa, però, questa volta in camera giurando che non ne sarebbe uscita che per sposarsi.

Ma poi, di fronte alle reazioni a dir poco "spropositate" di lei si era spaventato. Non si dice quali siano state queste reazioni "spropositate", immagino che si sia buttata per terra, come continuò a fare in seguito, anche dopo sposata, e abbia urlato e si sia contorta in preda a un parossismo nervoso. Fatto sta che il padre stesso l'aveva accompagnata a Milano perché riprendesse gli studi, ma sotto la sua stretta _____.

Fu allora che Sonia conobbe il bel siciliano dagli occhi azzurri che era mio nonno e se ne innamorò. O forse fu lui ad innamorarsi di lei, così passionale, così estroversa, così teatrale, mentre lui era _____, silenzioso, ironico e _____.

Neanche il giovane Enrico però, una volta sposato, poté accettare che la moglie facesse la "lirica" e se la portò con sé nei suoi _____ palermitani dove le fece subito fare un figlio.. Ma questa era _____ amorosa e in quanto tale non suonava così ostica e rivoltante come l'imposizione paterna. E quello che non poté l'autorità del genitore, lo poté l'amore costrittivo del bel marito.

Enrico dovette prometterle che le avrebbe permesso di continuare a cantare. E lui mantenne la parola. Ma solo in _____ di beneficenza, s'intende, e in altre rare occasioni, senza nessuna velleità professionale, solo per il piacere di farlo.

da *"Bagheria"*, di D. Maraini, Rizzoli, 1993

testo 3 - senza intrusi

allegato 4 • livello B2

Cara Vittoria,

ti avevo promesso che ti avrei scritto non appena fossi riuscita a sapere qualcosa di Luigi, per cui eccomi pronta a mantenere la _____ e a darti tutte le notizie che ho potuto raccogliere su di lui, sempre che tu non abbia cambiato idea a questo proposito.

Siccome Luigi è una persona estremamente riservata, il mio compito non è stato niente facile e dopo aver provato in differenti modi (mi sono addirittura improvvisata sua cliente, tanto per darti un'idea di quello che ho dovuto fare) ho _____ che era meglio entrare in contatto con uno dei suoi amici più stretti e di fatto la cosa si è rivelata come la migliore soluzione, altrimenti da lui non avrei saputo un bel niente.

Dunque. Innanzi tutto è di origine sarda. Te lo saresti mai aspettato? Non è che si senta minimamente quando parla, anzi diresti che è lombardo. Vive solo, ma non perché è scapolo; mi hanno detto che è stato sposato per cinque anni con una tedesca della quale era molto innamorato. Poi, purtroppo (forse non per te), sono sopraggiunti _____ dovuti alle differenti culture, almeno così _____, fatto sta che nel giro di pochi mesi hanno deciso di divorziare e hanno iniziato tutte le _____ del caso.

Da allora sono passati quasi cinque anni, cosicché dovrebbe essere vicino ad ottenere il divorzio. Da quello che abbiamo potuto vedere noi si direbbe che è un tipo taciturno e poco propenso allo scherzo, invece il suo amico mi ha detto che è tutto il contrario e che dipende molto dall'ambiente in cui si trova. Con gli amici è un tipo _____, pieno di idee originali, amante anche della _____, insomma tutto l'opposto di quello che il suo comportamento lasciava credere in quel breve periodo in cui siamo stati insieme.

Per quanto riguarda la sua famiglia so soltanto che risiede a Cagliari, che esiste un fratello di 15 anni che vorrebbe raggiungerlo e vivere con lui, ma ciò non gli è permesso data la sua _____ età.

È tutto. Non ho potuto sapere di più anche perché sarebbe sembrato un interrogatorio poco giustificabile nei confronti di questo suo amico. Che te ne pare? Pensi sempre che sia il caso di tornare qui? Come ti senti? Immagino che non ci sia bisogno di dirti che puoi venire quando vuoi. Non hai che da farmelo sapere un giorno prima se vuoi _____ un po' d'ordine in giro. D'accordo? Aspetto tue _____.

Ti abbraccio
Angela

"Vedete frate Guglielmo," disse l'abate, "per poter realizzare l'opera immensa e santa che arricchisce quelle mura," e accennò alla mole dell'Edificio, che si intravedeva dalle finestre della cella, troneggiante al di sopra della stessa chiesa abbaziale, "uomini devoti hanno lavorato per secoli, seguendo regole di ferro. La biblioteca è nata secondo un disegno che è rimasto oscuro a tutti nei secoli e che nessuno dei monaci è chiamato a conoscere. Solo il bibliotecario ne ha ricevuto il segreto dal bibliotecario che lo precedette, e lo comunica, ancora in vita, all'aiuto bibliotecario, in modo che la morte non lo sorprenda privando la comunità di quel sapere. E le labbra di entrambi sono suggellate dal segreto. Solo il bibliotecario, oltre a sapere, ha il diritto di muoversi nel labirinto dei libri, egli solo sa dove trovarli e dove riporli, egli solo è responsabile della loro conservazione: gli altri monaci lavorano nello scriptorium e possono conoscere l'elenco dei volumi che la biblioteca rinserra. Ma un elenco di titoli spesso dice assai poco, se il bibliotecario sa, dalla collocazione del volume, dal grado della sua inaccessibilità, qual tipo di segreti, di verità o di menzogne il volume custodisca. Solo egli decide come, quando, e se fornirlo al monaco che ne fa richiesta, talora dopo essersi consultato con me. Perché non tutte le verità sono per tutte le orecchie, non tutte le menzogne possono essere riconosciute come tali da un animo pio, e i monaci, infine, stanno nello scriptorium per porre capo a un'opera precisa, per la quale debbono leggere certi e non altri volumi, e non per seguire ogni dissennata curiosità che li colga, vuoi per debolezza della mente, vuoi per superbia, vuoi per suggestione diabolica."

"Ci sono dunque in biblioteca anche libri che contengono menzogne …"

da *"Il nome della rosa"*, di U. Eco, Bompiani, 1980

testo 2 - versione originale
allegato 5 • livello B2

Non l'ho mai vista piangere mia nonna Sonia. Nemmeno alla morte del nonno. Gli è sopravvissuta di quasi trent'anni, la bella cilena che a quasi ottant'anni non sapeva ancora parlare l'italiano come si deve. Le sue frasi erano costruite secondo il ritmo e la logica di un'altra lingua, la spagnola. Diceva "el uomo", non distingueva fra cappello e capello, diceva "esci così, en cuerpo?" per dire che uno non portava il cappotto.

Venuta dal Cile alla fine del secolo scorso col padre ambasciatore, aveva studiato pianoforte e canto a Parigi. Aveva una bella voce di soprano e un temperamento teatrale. Tanto che tutti i maestri l'avevano incoraggiata a farne il suo mestiere. Ma non era una professione per ragazze di buona famiglia. E il padre gliel'aveva proibito. Proponendole invece subito un buon matrimonio con un proprietario di terre argentino.

Ma lei aveva resistito. E, a diciotto anni, era scappata di casa per andare a "fare la lirica" come diceva lei. Era approdata a Milano dove aveva conosciuto Caruso che l'aveva avviata alla scuola della Scala. Famosa in famiglia la fotografia con Caruso dedicata alla "brava e bella Sonia". Perfino Ricordi aveva giudicato "straordinario", il suo talento lirico. Ma il padre Ortuzar non intendeva cedere. Andò a prenderla a Milano e la riportò a Parigi. E da Parigi Sonia scappò di nuovo, mostrando una grande tenacia e un grande amore per la sua arte.

In una gara di testardaggini senza limiti il padre Ortuzar era tornato a cercarla. L'aveva trovata, nascosta in casa di amici e l'aveva riportata per la seconda volta a casa, in Francia. L'aveva chiusa, però, questa volta in camera giurando che non ne sarebbe uscita che per sposarsi.

Ma poi, di fronte alle reazioni a dir poco "spropositate" di lei si era spaventato. Non si dice quali siano state queste reazioni "spropositate", immagino che si sia buttata per terra, come continuò a fare in seguito, anche dopo sposata, e abbia urlato e si sia contorta in preda a un parossismo nervoso. Fatto sta che il padre stesso l'aveva accompagnata a Milano perché riprendesse gli studi, ma sotto la sua stretta sorveglianza.

Fu allora che Sonia conobbe il bel siciliano dagli occhi azzurri che era mio nonno e se ne innamorò. O forse fu lui ad innamorarsi di lei, così passionale, così estroversa, così teatrale, mentre lui era timido, silenzioso, ironico e mite.

Neanche il giovane Enrico però, una volta sposato, poté accettare che la moglie facesse la "lirica" e se la portò con sé nei suoi palazzi palermitani dove le fece subito fare un figlio. Ma questa era costrizione amorosa e in quanto tale non suonava così ostica e rivoltante come l'imposizione paterna. E quello che non poté l'autorità del genitore, lo poté l'amore costrittivo del bel marito. Enrico dovette prometterle che le avrebbe permesso di continuare a cantare. E lui mantenne la parola. Ma solo in serate di beneficenza, s'intende, e in altre rare occasioni, senza nessuna velleità professionale, solo per il piacere di farlo.

da "Bagheria", di D. Maraini. Rizzoli. 1993

A: vittoria@mailsurf.it
Oggetto: Notizie Luigi

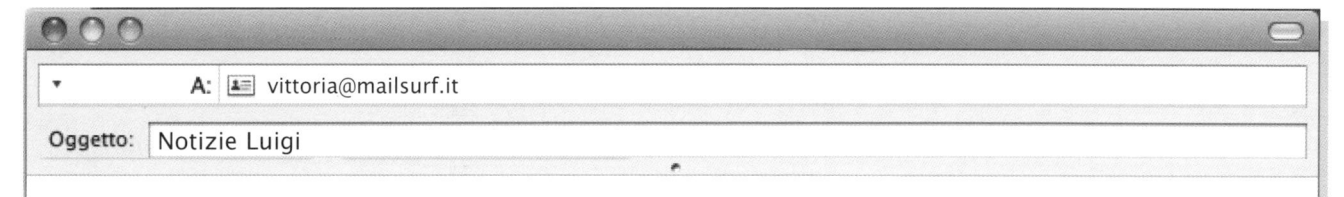

Cara Vittoria,
ti avevo promesso che ti avrei scritto non appena fossi riuscita a sapere qualcosa di Luigi, per cui eccomi pronta a mantenere la promessa e a darti tutte le notizie che ho potuto raccogliere su di lui, sempre che tu non abbia cambiato idea a questo proposito.

Siccome Luigi è una persona estremamente riservata, il mio compito non è stato per niente facile e dopo aver provato in differenti modi (mi sono addirittura improvvisata sua cliente, tanto per darti un'idea di quello che ho dovuto fare) ho pensato che era meglio entrare in contatto con uno dei suoi amici più stretti e di fatto la cosa si è rivelata come la migliore soluzione, altrimenti da lui non avrei saputo un bel niente.

Dunque. Innanzi tutto è di origine sarda. Te lo saresti mai aspettato? Non è che si senta minimamente quando parla, anzi diresti che è lombardo. Vive solo, ma non perché è scapolo; mi hanno detto che è stato sposato per cinque anni con una tedesca della quale era molto innamorato. Poi, purtroppo (forse non per te), sono sopraggiunti problemi dovuti alle differenti culture, almeno così dicono, fatto sta che nel giro di pochi mesi hanno deciso di divorziare e hanno iniziato tutte le pratiche del caso.

Da allora sono passati quasi cinque anni, cosicché dovrebbe essere vicino ad ottenere il divorzio. Da quello che abbiamo potuto vedere noi si direbbe che è un tipo taciturno e poco propenso allo scherzo, invece il suo amico mi ha detto che è tutto il contrario e che dipende molto dall'ambiente in cui si trova. Con gli amici è un tipo allegro, pieno di idee originali, amante anche della confusione, insomma tutto l'opposto di quello che il suo comportamento lasciava credere in quel breve periodo in cui siamo stati insieme.

Per quanto riguarda la sua famiglia so soltanto che risiede a Cagliari, che esiste un fratello di 15 anni che vorrebbe raggiungerlo e vivere con lui, ma ciò non gli è permesso data la sua giovane età.

È tutto. Non ho potuto sapere di più anche perché sarebbe sembrato un interrogatorio poco giustificabile nei confronti di questo suo amico. Che te ne pare? Pensi sempre che sia il caso di tornare qui? Come ti senti? Immagino che non ci sia bisogno di dirti che puoi venire quando vuoi. Non hai che da farmelo sapere un giorno prima se vuoi trovare un po' d'ordine in giro. D'accordo? Aspetto tue notizie.
Ti abbraccio
Angela

11 guida pratica della città

di che si tratta	*attività per reperire informazioni in giro per la città* Gli studenti a coppie, dopo un'adeguata preparazione in classe, escono dalla scuola per raccogliere informazioni pratiche per creare una guida utile a studenti che vivranno la loro stessa esperienza. Nel caso in cui si studi fuori dall'Italia le informazioni vengono raccolte da internet, riviste, ecc. e si crea una guida per italiani che verranno in visita.
competenze esercitate e scopi didattici	interazione orale libera produzione libera scritta
livello	da A2 a C2[1]
durata	circa quattro ore e mezza articolate in fasi di diversa durata[2]
materiale	• forbici • carta di vari colori e formati • colla • nastro adesivo • cucitrice/spillatrice • pennarelli • penne • matite colorate • riviste da cui ritagliare foto o parole per illustrare la guida • mappe della città da ritagliare

---

[1] Attività adatta anche per lezioni individuali e classi molto numerose.
[2] I tempi indicati nello svolgimento sono solo indicativi. L'attività si presta ad essere interrotta alla fine di qualsiasi fase.

a. primo giorno: 45 minuti — *svolgimento*

1. Informare gli studenti che durante questa attività usciranno dalla scuola per interagire con gli abitanti della città[3].
2. Spiegare agli studenti che l'obiettivo di questa attività è quello di realizzare una guida che non riguarderà monumenti, chiese o luoghi artistici in quanto una guida di questo tipo si può reperire facilmente in libreria. Si tratta invece di immaginare che tipo di guida gli studenti avrebbero voluto trovare all'arrivo in Italia che li aiutasse concretamente a "muoversi" nella città[4]. (Un esempio di cosa può contenere la guida: come ci si sposta con i mezzi pubblici, dove si comprano tessere e biglietti, quanto costano, quanto durano e così via[5].).
3. Proporre agli studenti un brainstorming su tutto ciò che, secondo loro, può concretamente servire per muoversi agevolmente per la città.
4. Scrivere alla lavagna le idee degli studenti, puntando a raccoglierne un numero considerevole. (Gli studenti potrebbero menzionare: tabaccherie; lavanderie; acquisto biglietti per lo stadio, per i concerti, per il teatro, per l'opera; parchi pubblici, alberghi, locali, discoteche; noleggio auto, biciclette, scooter; tour della città; corsi di cucina; palestre e piscine; internet caffè; parcheggi; gelaterie; ristoranti; supermercati; cinema in lingua; ospedali; avere un numero di cellulare italiano; come raggiungere l'aeroporto).
5. Chiedere agli studenti di copiare sul quaderno gli appunti scritti alla lavagna.
6. Assegnare come compito a casa la raccolta del maggior numero di informazioni relative alla lista di appunti (tutto ciò che concretamente può servire per muoversi agevolmente per la città), alle conoscenze acquisite tramite esperienza personale e a quelle che gli studenti possono reperire nella zona in cui abitano.

b. secondo giorno: due ore

1. (30 minuti) Formare delle coppie (e un gruppo di tre se il numero totale degli studenti è dispari)[6]. Dire agli studenti che dovranno:
   - raccontare rapidamente al proprio compagno quali informazioni hanno già trovato;
   - selezionare le informazioni che ritengono più interessanti;
   - stabilire insieme di quali informazioni hanno ancora bisogno;
   - scrivere le domande che intendono fare agli abitanti della città.
2. (un'ora e mezza) Quando le coppie avranno concluso la fase di confronto mandarle fuori dalla scuola con il compito di raccogliere il maggior numero di informazioni, procurandosi, se possibile, dépliant, volantini, pubblicità di vario tipo, ecc.
3. Al ritorno in classe, chiedere agli studenti di raccontare come è andata.

---

[3] Tale premessa è fondamentale al fine di assicurarsi che tutti siano d'accordo sullo svolgere una parte della lezione fuori dal luogo consueto in cui normalmente studiano, cioè la classe.
[4] Se studiano l'italiano nel proprio paese possono realizzare una guida per turisti italiani.
[5] Nel caso di scuole in cui si prevede una valutazione finale per i lavori svolti dagli studenti, è importante che sappiano che questo lavoro sarà valutato come tutte le altre attività didattiche. È fondamentale che lo studente sappia che è un'attività come le altre da questo punto di vista, altrimenti si rischia che, ad un probabile entusiasmo iniziale per la novità, segua una progressiva perdita di interesse dovuta alla preoccupazione di "perdere tempo" a fare qualcosa che non sarà utile al fine di superare un esame o un anno scolastico.
[6] Stare in un gruppo di non più di due componenti aiuta a negoziare in modo più efficace le informazioni da cercare e sarà più probabile che, una volta usciti, entrambi gli studenti interagiscano con le persone che intervisteranno. Nella scelta dei componenti delle coppie si consiglia di combinare una persona che è arrivata in città da poco con qualcuno che è lì da più tempo, in modo da sfruttare le diverse motivazioni di base: chi è appena arrivato è curioso e desideroso di avere qualche dritta su come muoversi in città e questa gli sembra, tutto sommato, una bella occasione per farlo con l'aiuto di qualcuno con maggior esperienza di lui, ma, allo stesso tempo, con esigenze simili alle sue. Per quanto riguarda le persone che sono in città da un po' di tempo, è l'occasione per fare una attività diversa, che gli consenta di muoversi in tutti i sensi, che può fargli conoscere cose nuove sul campo, facendo un'esperienza diretta. Altri criteri per scegliere i componenti delle coppie: genere, personalità, nazionalità diversi.

svolgimento

dove si trova l'insegnante mentre gli studenti escono?

Una prima possibilità può essere quella di scegliere prima il luogo in cui gli studenti lavoreranno, accompagnarceli e dargli un appuntamento nello stesso luogo dopo un'ora e mezza. È bene, nel caso le coppie siano più di una, indirizzarle in direzioni diverse. Si eviterà il rischio di "disturbare" più di una volta le stesse persone con le stesse domande e si ridurrà il rischio di reazioni infastidite. L'insegnante però può anche scegliere di rimanere a scuola. In questo caso è consigliabile fornire agli studenti, prima che escano, il telefono della scuola ed eventualmente il numero di cellulare dell'insegnante qualora ci fossero problemi. Gli si dirà comunque di non andare tutti nella stessa zona per i motivi di cui sopra.

terzo giorno: due ore

1. Prima dell'inizio della lezione disporre su uno o due tavoli di lavoro: forbici, carta di vari colori e formati, colla, nastro adesivo, cucitrice, pennarelli, penne, matite colorate, riviste da poter usare per ritagliare foto o parole per illustrare la guida e mappe della città da ritagliare.
2. Dire agli studenti che in questa fase si dedicheranno alla creazione delle guide[7].
3. Proporre tre possibilità (la classe sceglie a maggioranza):
    - creare una guida unica (tutta la classe collabora insieme);
    - creare due guide (la classe viene divisa in due gruppi);
    - creare tante guide quante sono le coppie (ogni coppia lavora autonomamente).
4. Dire agli studenti che possono rivolgersi all'insegnante per eventuali domande.
5. Dare il via.

fase conclusiva

Una volta terminato il lavoro, le guide potranno essere affisse in una bacheca della scuola affinché gli altri studenti possano consultarle quando vogliono[8].
Agli studenti potrebbe far piacere portarsi a casa il lavoro svolto, quindi è possibile fotocopiarle per chi lo desidera.

---

[7] La confezione della guida è un momento importante. Gli studenti creano insieme qualcosa, negoziano significati, (dal: *"Mi passi le forbici?"*, *"Le forbici, che sono?"*, al: *"Come si dice…?"*) e hanno voglia di farlo con calma, riflettendo e discutendo per creare qualcosa di utile e bello allo stesso tempo.

[8] Se studiano italiano nel proprio paese potrebbero chiedere di affiggerle presso l'ambasciata italiana o l'Istituto Italiano di Cultura o la sede della Società Dante Alighieri della loro città.

svolgimento

alcune riflessioni

E se qualcuno non volesse uscire?
È sempre interessante scoprire perché. Non necessariamente il motivo è imputabile alla timidezza. La resistenza ad uscire potrebbe essere dovuta alla sensazione di perdere tempo facendo un'attività non usuale. Per quanto dovrebbe essere naturale per una persona che va in un paese straniero voler interagire con le persone che ci abitano, il rifiuto a farlo può essere frequente. Perché l'idea potrebbe essere quella che a scuola si fanno determinate attività, facilmente riconoscibili probabilmente ovunque e tutto ciò che esula da queste attività non è "scuola". Se l'attività piace e si intende proporla con convinzione (questa è una condizione dalla quale non si può prescindere!), si può fare il tentativo di provare a convincere lo studente dell'utilità dell'esperienza. Meglio non insistere troppo, però. È un lavoro che presuppone entusiasmo non solo da parte dell'insegnante e, se le resistenze a farlo sono molto forti, si rischia un'ulteriore chiusura da parte dello studente, non solo inutile, ma anche dannosa ai fini di un'interazione serena con l'insegnante e il resto della classe.

E se è difficile?
Per chi insegna italiano in un altro paese sarà necessario, come prima cosa, fare un'indagine per scoprire dove si trovano gruppi di italiani da intervistare.

E se è vietato?
Nel caso in cui non sia possibile uscire dalla scuola (ad esempio, studenti minorenni ai quali i genitori non danno il permesso di uscire) è chiaro che la parte riguardante "la ricerca sul campo" non può essere contemplata. Ciò non toglie che le informazioni possano essere reperite diversamente attraverso internet, le pagine gialle, gli elenchi telefonici. Inoltre, come compito a casa, gli studenti potrebbero fare domande ai familiari e agli amici per raccogliere informazioni, magari anche solo sul loro quartiere.

Per livelli alti
Nel caso di studenti di livello C1 e C2, per rendere più accattivante il lavoro e più alta la sfida, l'insegnante può indirizzarli a cercare informazioni più complicate da reperire sia linguisticamente che praticamente. Ad esempio: cosa fare se rimangono chiusi fuori casa con le chiavi nell'appartamento, se gli rubano i documenti, se hanno bisogno del permesso di soggiorno, se hanno bisogno di cure mediche, di richiedere il codice fiscale, di aprire un conto in banca, di mandare un pacco nel loro paese, ecc.

Possibile obiezione
Un'obiezione possibile, soprattutto da parte degli studenti appena arrivati in città, potrebbe essere: *"Ma come è possibile per noi che non conosciamo la città fare questo lavoro?"*. La risposta appropriata è che è proprio il fatto che non conoscono la città che dà un vero senso alla loro ricerca.

Postilla
Dato che per questa attività è previsto che si lavori su più giorni, è possibile che non ci siano sempre gli stessi studenti presenti in classe. L'attività non verrà compromessa a patto che ci sia una base di persone sempre presenti e alle quali si potrà abbinare chi è stato assente la volta precedente. Questo non solo per far portare a termine il lavoro a chi è stato sempre presente, ma anche perché ogni singola fase ha valore, ai fini dell'apprendimento, in quanto momento di produzione linguistica.

copertina allegato 1

Guida pratica di _____

12 il mercatino dell'artigianato

> "Qualunque esperienza autenticamente espressiva è sempre, per definizione, di comunicazione, cioè inerente al trasferimento di contenuti e modalità dal vissuto di un individuo ad un altro." *Verso una psicopedagogia di libera espressione* di S. A. Merciai, A. Fioretti, G. Contini

di che si tratta | *progettazione e realizzazione di un oggetto da vendere*
Gli studenti, in coppie, progettano e realizzano dei prodotti artigianali, descrivendone la preparazione in apposite schede. In un secondo momento ciascuno racconta ad un altro studente l'esperienza vissuta. Individualmente, poi, cercano di vendere il proprio oggetto in un mercatino organizzato a scuola.

competenze esercitate e scopi didattici | produzione libera orale e scritta

livello | da A2 a B2

durata | circa 3 ore articolate in fasi di diversa durata[1]

materiale |
- forbici
- colla
- fogli di carta
- nastro adesivo
- musica rilassante
- candele
- incenso profumato

---

[1] L'attività può essere interrotta alla fine di ogni fase.

svolgimento

primo giorno a

presentazione dell'attività (10 minuti)
1. Per favorire un'atmosfera rilassante e piacevole, mettere un po' di musica come sottofondo e/o accendere delle candele o degli incensi profumati.
2. Sedersi vicino ad un tavolo di fronte agli studenti e, utilizzando cose semplici che si trovano normalmente in casa, creare un prodotto. Ecco qualche esempio:
   - *gioielli di pasta* (collane e bracciali fatte con pasta normale e/o integrale tipo rigatoni, penne o ditali, e del filo elastico);
   - *biglietti d'auguri decorati con le spezie* (si ritaglia del cartoncino a seconda della grandezza del biglietto desiderato e, con della colla, si fanno dei disegni o delle fantasie sui quali si fanno cadere spezie di diversi colori come peperoncino, erba cipollina, curry, finocchio, ecc.);
   - *segnalibri di carta* (si ritaglia del cartoncino colorato e si decora con dei ritagli di giornali);
   - *segnaposti con fiori secchi* (si ritaglia del cartoncino colorato in tanti piccoli rettangoli, si piegano in due in modo da farli stare in piedi sul tavolo e si scrive su ognuno un nome con incollato accanto un fiore, precedentemente fatto seccare tra le pagine di un libro).

   Durante la realizzazione del prodotto parlare con gli studenti, descrivendo il procedimento, i materiali e/o gli oggetti necessari, facendo delle domande, ecc.
3. Quando il lavoro è ultimato mostrare agli studenti il prodotto realizzato (più altri eventuali fatti precedentemente) e annunciare che, in un giorno prestabilito, si terrà a scuola un mercatino dell'artigianato, con i prodotti ideati e realizzati dagli studenti stessi e dall'insegnante.

progettazione (15 minuti)
1. Dividere gli studenti in coppie in maniera eterogenea: è preferibile far lavorare insieme studenti di età diverse e gli studenti più attivi con i più passivi, in modo che questi ultimi vengano stimolati e coinvolti dagli altri.
2. Dire poi agli studenti che dovranno usare la loro immaginazione per realizzare 2 prodotti[2], discutendo del tipo di lavoro manuale che preferiscono fare. Le coppie devono stendere un elenco di oggetti e/o strumenti che potranno portare da casa.
3. Dare agli studenti un appuntamento in un giorno preciso in cui dovranno portare tutto il materiale necessario per lavorare insieme in classe. È consigliabile lasciar passare qualche giorno in modo che possano avere il tempo di reperire il materiale necessario.

secondo giorno b

realizzazione dei prodotti (30 minuti)
1. Proporre un'attività lessicale (ad esempio con la tecnica del brainstorming) specifica sul lessico che riguarda le attività manuali.
2. Portare in classe colla, forbici, fogli di carta, nastro adesivo, ecc. e metterli a disposizione degli studenti, i quali iniziano a lavorare in coppia ai loro prodotti.

compilazione delle schede dei prodotti (30 minuti)
1. A lavoro ultimato consegnare agli studenti una scheda da compilare (vedi allegato 1) per ciascun prodotto finito. Sulle schede gli studenti dovranno indicare i loro nomi, il nome del prodotto, i materiali e/o gli

---

[2] Per un livello B2 si consiglia di far realizzare 4 prodotti a coppia.

svolgimento

oggetti utilizzati, il tempo necessario per la preparazione e, infine dovranno descrivere in maniera chiara e dettagliata il procedimento, cioè le diverse fasi della preparazione e lavorazione di quel prodotto artigianale[3]. Si consiglia di insistere molto sull'importanza di una descrizione minuziosa di tutti i vari passaggi della lavorazione, magari avvalendosi di qualche *escamotage*: ad esempio, è possibile dire agli studenti di scrivere immaginando che queste schede debbano comparire su una prestigiosa rivista di artigianato.

"scambio dei saperi" (20 minuti)
1. Invitare gli studenti a mettere le loro opere sul banco.
2. Formare nuove coppie o gruppi di tre.
3. Dire agli studenti che dovranno descrivere i prodotti che hanno realizzato (come li hanno realizzati e perché, i materiali utilizzati, ecc.). Potranno anche raccontare eventuali esperienze di lavori manuali fatti in passato o possibili esperienze future dello stesso tipo.
4. Procedere a uno o più cambi di coppie.

revisione delle schede (30 minuti)
Per lavorare sulla grammatica, le schede dei prodotti scritte in precedenza vengono sottoposte ad attività di revisione, autorevisione, revisione fra pari o revisione collettiva.

terzo giorno

mercatino dell'artigianato (30 minuti)
1. Dividere gli studenti in "venditori" e "acquirenti", disponendoli con i loro prodotti per tutto lo spazio libero dell'aula a mo' di mercatino. Due sono le possibilità: l'attività si svolge tra gli stessi studenti della classe oppure tutti gli studenti della classe sono i "venditori", mentre gli "acquirenti" saranno studenti di un'altra classe, invitati a visitare il mercatino.
2. Raccomandare agli acquirenti di essere esigenti ed ai venditori di essere convincenti.

esposizione dei prodotti artigianali (facoltativa) (15 minuti)
1. Preparare delle locandine (vedi allegato 2) e attaccarle in giro per la scuola.
2. Individuare poi un luogo adatto ad ospitare un banchetto su cui gli studenti esporranno i loro prodotti, insieme a quelli realizzati dall'insegnante. Per la riuscita di questa fase conclusiva, si raccomanda di curare tutti i dettagli affinché il banchetto risulti interessante e vivace: si possono mettere un telo colorato sul tavolo, un grande cartello appeso al muro con la scritta "Mercatino dell'artigiano", delle targhette colorate con i nomi dei prodotti e degli studenti che li hanno realizzati, vicino a ciascuna opera. Si possono anche prendere tutte le schede dei prodotti scritte dagli studenti e spillarle in modo da creare una sorta di catalogo, consultabile da chi visita il banchetto.

---

[3] Per quel che riguarda quest'ultima parte si possono anche dare indicazioni precise per la scrittura, in base al livello di competenza (ad esempio, si può dire che bisogna usare l'imperativo informale oppure che si deve scrivere un numero minimo di parole, ecc.).

scheda prodotto

allegato 1

(nome del prodotto) ....

realizzato da

....

(nomi degli studenti)

materiali e/o oggetti necessari:

....

tempo di preparazione:

....

procedimento:

....
....
....
....
....
....
....
....
....
....
....
....
....
....
....

allegato 2 — locandina

Gli studenti della classe _____ invitano gli altri studenti della scuola e gli insegnanti a visitare

"Il mercatino dell'artigianato"

Il giorno _____ alle ore _____

saranno esposti i prodotti artigianali realizzati dagli studenti.

VI ASPETTIAMO NUMEROSI!

13 incorporare un dialogo

di che si tratta	*attività per mettere in scena un dialogo* Gli studenti, a coppie, lavorano su un dialogo con l'obiettivo di migliorare la pronuncia e l'intonazione, nonché di favorirne la memorizzazione attraverso una crescente "interpretazione corporea".
competenze esercitate e scopi didattici	analisi fonologica scorrevolezza
livello	tutti: da A1 a C2
durata	circa un'ora e venti minuti in fasi di diversa durata[1]
materiale	• un dialogo breve

preparazione	• scegliere un dialogo del libro di testo o un qualsiasi altro dialogo adatto al livello della classe (si consiglia un dialogo composto da 4/6 battute)
	• nel caso in cui il dialogo non si trovi nel libro di testo, fare tante fotocopie della trascrizione quanti sono gli studenti
	• per motivare e coinvolgere attivamente gli studenti, decidere come si muovono le persone, dove sono, perché stanno parlando, che cosa è successo prima, che tipo di rapporto hanno fra di loro, sia in termini di ranghi sociali che di stati psicologici, ecc., e di conseguenza l'intonazione di ciascun enunciato
	• scrivere una trascrizione "privata" (che non sarà mostrata in classe), separare gli enunciati l'uno dall'altro con una linea verticale e sottolineare gli accenti come nell'esempio seguente:
	    A. *E il <u>tempo</u> com'è?*
	    B. *<u>Fantastico</u>! | C'è un <u>sole</u> stupendo, | fa <u>proprio</u> <u>caldo</u>.*
	    A. *Beati <u>voi</u>! | <u>Qui</u> invece fa <u>brutto</u> <u>tempo</u>, | piove <u>già</u> da <u>due</u> <u>giorni</u>.*
	• per ogni enunciato elaborare una sequenza di versioni di cui la prima consiste in una sola parola, quella più accentuata. La seconda versione consiste in due parole (quella della prima versione più quella che porta l'accento secondario). La terza versione consiste in tre parole (quella della prima versione più quella che porta l'accento secondario più quella che porta l'accento terziario). E così via, aggiungendo una parola per volta fino ad arrivare all'enunciato intero. Vediamo l'esempio del primo enunciato[2]:
	    Prima versione: <u>tempo</u>?
	    Seconda versione: <u>tempo</u> è?
	    Terza versione: <u>tempo</u> com'è?
	    Quarta versione: il <u>tempo</u> com'è?
	    Quinta versione: E il <u>tempo</u> com'è?

---

[1] L'attività può essere interrotta alla fine di ogni fase.
[2] Vedere l'allegato 1 per le sequenze per tutti gli enunciati della conversazione dell'esempio. Nell'allegato 2 si trovano le sequenze per un'altra conversazione.

svolgimento

1. Distribuire le fotocopie della trascrizione del dialogo (o far aprire il libro alla pagina corrispondente) e invitare gli studenti a leggerlo in silenzio. Dire agli studenti che in questa fase possono consultare il dizionario e/o l'insegnante.
2. Scrivere alla lavagna le domande: *chi? dove?, di che cosa?, perché?*.
3. Formare delle coppie e dire agli studenti che dovranno decidere, riferendosi al dialogo, come rispondere alle domande alla lavagna. Rimanere a disposizione per risolvere eventuali problemi di comprensione.
4. Chiedere ad una coppia di riferire le risposte concordate e commentarle (assecondando la risposta quando il testo la giustifica, respingendola quando non funziona e spiegando il perché). Poi, dare la propria interpretazione annunciando che sarà quella che dovranno tenere in considerazione d'ora in poi.
5. Formare nuove coppie e invitarle a leggere a voce alta il dialogo, alternandosi nei ruoli[3]. Durante questa fase, passare tra le diverse coppie e, se necessario, intervenire guidando lo studente a riflettere sulla sua esecuzione fornendogli degli esempi analoghi oppure indicandogli come arrivare ad una pronuncia più autentica possibile[4].
6. Trascrivere il dialogo alla lavagna e separare gli enunciati l'uno dall'altro con una linea verticale, come nell'esempio seguente:

    A. *E il tempo com'è?*
    B. *Fantastico! | C'è un sole stupendo, | fa proprio caldo*
    A. *Beati voi! | Qui invece fa brutto tempo, | piove già da due giorni.*

7. Invitare uno studente a sottolineare gli accenti preminenti all'interno di ogni enunciato, intervenendo, se necessario, e coinvolgendo gli altri studenti per arrivare alla versione corretta (vedi **preparazione**).
    Esempio:

    A. *E il <u>tem</u>po com'è?*
    B. *Fant<u>a</u>stico! | C'è un <u>so</u>le stup<u>en</u>do, | fa pr<u>o</u>prio c<u>al</u>do*
    A. *Beati <u>voi</u>! | <u>Qui</u> invece fa <u>brut</u>to <u>tem</u>po, | piove gi<u>à</u> da <u>due</u> giorni.*

8. Far ripetere in coro agli studenti il primo enunciato, enfatizzando gli accenti e rispettando l'intonazione. A questo punto sarà ovvio a tutti che l'impresa è "quasi" impossibile e quindi tutti sentiranno il bisogno di adottare qualche strategia riparatrice (vedi suggerimenti nella pagina successiva).

---

[3] Gli studenti dovranno ripetere le battute per circa tre minuti.
[4] Vedi **qualche suggerimento per curare la pronuncia**.

svolgimento

strategia riparatrice

fase principale
1. Pronunciare la prima versione del primo enunciato rispettando l'intonazione dell'enunciato intero e marcare l'accento, battendo le mani sulle gambe.
2. Invitare uno studente a fare altrettanto. Controllare che il battere delle mani corrisponda alla sillaba accentata. Correggere eventuali errori di pronuncia (compresa l'intonazione)[5].
3. Ripetere il punto 2 con gli altri studenti aumentando sempre di più il ritmo di chiamate fino a raggiungere un effetto "pirotecnico".
4. Ripetere il tutto con la seconda versione (l'altra sillaba accentuata sarà marcata dal battersi le gambe incrociando le mani).
5. Procedere così fino ad arrivare all'enunciato intero (vanno marcate sempre, e soltanto, le due sillabe più accentuate).
6. Procedere nello stesso modo per tutta la conversazione.

prima fase supplementare: memorizzazione[6]
1. Formare coppie di studenti. Disporre i componenti faccia a faccia e numerarli progressivamente.
2. Dire agli studenti che dovranno "recitare" il dialogo intero, per molte volte, invertendo ogni volta i ruoli.
3. Controllare l'orologio e, allo scadere di ogni minuto, chiamare un numero. Lo studente corrispondente va alla lavagna e cancella due parole del dialogo scelte a caso[7].
4. Procedere in questo modo fino a quando il dialogo non sarà del tutto scomparso dalla lavagna.
5. Per concludere, invitare due studenti di coppie diverse a fare una rappresentazione davanti a tutta la classe.

seconda fase supplementare
1. Commentando la relativa "staticità" della rappresentazione conclusiva della prima fase supplementare, annunciare che ora si affronterà la questione.
2. Formare gruppi di 4 studenti (due "attori" e due "doppiatori").
3. Dire agli studenti che:
   - gli "attori" staranno in piedi e dovranno rappresentare il dialogo in silenzio[8];
   - i "doppiatori", seduti ciascuno accanto ad uno degli "attori", dovranno pronunciare le battute.
4. Dopo ogni rappresentazione invertire i ruoli, prima tra i due attori e i due doppiatori e poi gli attori diventano i doppiatori e viceversa[9].

---

[5] Vedi *qualche suggerimento per curare la pronuncia*.
[6] Chiusa la fase di lavoro sul ritmo, si passa a far "recitare" il dialogo con gesti, espressioni, movimenti, ecc.
[7] Bisogna sottolineare che le parole che vanno eliminate devono essere cancellate velocemente, senza dare quindi troppo tempo allo studente di decidere quali parole presentano più difficoltà ad essere memorizzate e/o pronunciate.
[8] È importante sottolineare che, trattandosi di mimo, gli studenti dovranno sforzarsi di esagerare il più possibile i movimenti per enfatizzare il significato della battuta. L'insegnante, prima di dare inizio all'attività, può dare alcuni suggerimenti o fare degli esempi concreti chiedendo agli studenti di provare a capire cosa stia mimando. Più l'insegnante si mette in gioco e più è probabile che lo faranno anche gli studenti.
[9] Durante la fase di sperimentazione è stato notato che numerosi cambi di coppie garantiscono un'elevata attenzione da parte degli studenti. È proprio il movimento continuo a far "sciogliere" gli studenti e a permettere che la rappresentazione migliori ogni volta e che la distanza temporale tra il mimo e la parola si accorci tanto da sparire. Va ricordato agli studenti che l'obiettivo è quello di raggiungere una quasi totale sincronia, ciò significa che ognuno deve fare attenzione anche agli altri per agire il più possibile all'unisono. Conviene passare tra le coppie per incoraggiare gli studenti a enfatizzare i movimenti corporei al fine di avvicinarsi a un'interpretazione più naturale e più "italiana" possibile.

svolgimento

qualche suggerimento per curare la pronuncia

Quando sorgono problemi di pronuncia è meglio che l'insegnante non si proponga come modello, perché questo spesso inibisce ancora di più gli studenti, mentre, anche in questo caso, il lavoro in coppie spesso porta a dei risultati più soddisfacenti.

Se invece la frustrazione è alta perché risulta troppo difficile la riproduzione di un suono, l'insegnante può provare ad indicare, con il solo uso delle mani, come e cosa lo studente deve modificare per migliorare la pronuncia. Con le mani infatti è possibile riprodurre, a grandi linee, la cavità palatale e così spesso gli studenti riescono visivamente a capire cosa succede quando si pronuncia un determinato fonema e quindi successivamente a riprodurlo.

Nel caso in cui gli studenti dovessero avere delle difficoltà di pronuncia, per esempio per i fonemi /k/ e /g/, proponiamo alcune tecniche sperimentate in classe.

Lo studente viene invitato a pronunciare due parole contenenti questi fonemi toccandosi con tutta la mano il collo e provando a sentire la differenza di vibrazioni emesse dalle corde vocali durante la pronuncia. Se lo studente non riesce a cogliere le differenze, l'insegnante può anche chiedergli di provare con un altro studente che non ha queste difficoltà o addirittura con l'insegnante stesso.

Per quanto riguarda la /r/ rollante si è rivelato vincente, soprattutto per gli anglofoni, pronunciare la parola che contiene la /r/ sorridendo il più possibile per limitare lo spazio nella cavità palatale e avvicinarsi in tal modo ad una pronuncia "più" italiana.

perché fare queste attività in classe?

Questo tipo di apprendimento comporta in un primo momento la comprensione di un dialogo e successivamente la memorizzazione dello stesso in modo da farlo diventare "proprio" al punto tale che dalla memoria a breve termine possa andare a quella a lungo termine.

Più lo studente apprende nella sua totalità in senso olistico, cioè mette in gioco tutto se stesso e quindi tutti i sensi e canali a sua disposizione, e più l'apprendimento avrà un effetto duraturo.

Le neuroscienze ci confermano che il movimento attiva più aree nei due emisferi del cervello, oltre ad ossigenare il cervello intero.

allegato 1

A. *E il <u>tem</u>po com'è?*
B. *Fan<u>ta</u>stico! | C'è un <u>so</u>le stu<u>pen</u>do, | fa <u>pro</u>prio <u>cal</u>do.*
A. *Be<u>a</u>ti <u>voi</u>! | <u>Qui</u> invece fa <u>brut</u>to <u>tem</u>po, | piove <u>già</u> da <u>due</u> <u>gior</u>ni.*

1.
Prima versione:	*<u>tem</u>po?*
Seconda versione:	*<u>tem</u>po è?*
Terza versione:	*<u>tem</u>po com'è?*
Quarta versione:	*il <u>tem</u>po com'è?*
Quinta versione:	*E il <u>tem</u>po com'è?*

2.
Prima versione:	*Fan<u>ta</u>stico!*

3.
Prima versione:	*stu<u>pen</u>do*
Seconda versione:	*<u>so</u>le stu<u>pen</u>do*
Terza versione:	*un <u>so</u>le stu<u>pen</u>do*
Quarta versione:	*C'è un <u>so</u>le stu<u>pen</u>do*

4.
Prima versione:	*<u>cal</u>do.*
Seconda versione:	*<u>pro</u>prio caldo.*
Terza versione:	*fa <u>pro</u>prio <u>cal</u>do.*

5.
Prima versione:	*<u>voi</u>!*
Seconda versione:	*Be<u>a</u>ti <u>voi</u>!*

6.
Prima versione:	*<u>tem</u>po*
Seconda versione:	*<u>qui</u> <u>tem</u>po*
Terza versione:	*<u>qui</u> <u>brut</u>to <u>tem</u>po*
Quarta versione:	*<u>qui</u> invece <u>brut</u>to <u>tem</u>po*
Quinta versione:	*<u>Qui</u> invece fa <u>brut</u>to <u>tem</u>po*

7.
Prima versione:	*<u>gior</u>ni.*
Seconda versione:	*<u>due</u> <u>gior</u>ni.*
Terza versione:	*<u>già</u> <u>due</u> <u>gior</u>ni.*
Quarta versione:	*piove <u>già</u> <u>due</u> <u>gior</u>ni.*
Quinta versione:	*piove <u>già</u> da <u>due</u> <u>gior</u>ni.*

allegato 2

A. *Ultima_mente_ ti <u>v</u>edo un po' <u>giù</u>. | Come <u>mai</u>? | Pro<u>b</u>lemi al la<u>v</u>oro?*
B. <u>Beh</u>, | vera<u>mente</u> <u>sì</u>. | <u>S</u>pesso dis<u>c</u>uto con il mio <u>c</u>apo. | E ovvia<u>mente</u> sono un po' preoccu<u>p</u>ato per il mio fu<u>t</u>uro.

1.
Prima versione:	<u>giù</u>
Seconda versione:	<u>v</u>edo <u>giù</u>
Terza versione:	Ultima<u>mente</u> <u>v</u>edo <u>giù</u>.
Quarta versione:	Ultima<u>mente</u> <u>v</u>edo un po' <u>giù</u>.
Quinta versione:	Ultima<u>mente</u> ti <u>v</u>edo un po' <u>giù</u>.

2.
Prima versione:	<u>mai</u>?
Seconda versione:	Come <u>mai</u>?

3.
Prima versione:	la<u>v</u>oro?
Seconda versione:	Pro<u>b</u>lemi la<u>v</u>oro?
Terza versione:	Pro<u>b</u>lemi al la<u>v</u>oro?

4.
Prima versione:	<u>Beh</u>

5.
Prima versione:	<u>sì</u>.
Seconda versione:	vera<u>mente</u> <u>sì</u>.

6.
Prima versione:	<u>c</u>apo
Seconda versione:	<u>S</u>pesso <u>c</u>apo.
Terza versione:	<u>S</u>pesso dis<u>c</u>uto <u>c</u>apo.
Quarta versione:	<u>S</u>pesso dis<u>c</u>uto con il <u>c</u>apo.
Quinta versione:	<u>S</u>pesso dis<u>c</u>uto con il mio <u>c</u>apo.

7.
Prima versione:	fu<u>t</u>uro.
Seconda versione:	preoccu<u>p</u>ato fu<u>t</u>uro.
Terza versione:	Ovvia<u>mente</u> preoccu<u>p</u>ato fu<u>t</u>uro.
Quarta versione:	Ovvia<u>mente</u> preoccu<u>p</u>ato per il mio fu<u>t</u>uro.
Quinta versione:	Ovvia<u>mente</u> un po' preoccu<u>p</u>ato per il mio fu<u>t</u>uro.
Sesta versione:	Ovvia<u>mente</u> sono un po' preoccu<u>p</u>ato per il mio fu<u>t</u>uro.
Settima versione:	E ovvia<u>mente</u> sono un po' preoccu<u>p</u>ato per il mio fu<u>t</u>uro.

14 la staffetta analitica

di che si tratta	*gara a squadre per analizzare un testo scritto* Gli studenti, divisi in squadre, gareggiano per trovare vari elementi lessicali e grammaticali in un testo precedentemente letto.
competenze esercitate e scopi didattici	analisi lessicale e morfologica
livello	tutti: da A1 a C2 (allegato fornito per il livello A2)
durata	circa 30 minuti
materiale	• un testo • due pennarelli di colore diverso • timer o orologio • nastro adesivo • (facoltativo) etichette per numerare gli studenti
organizzazione dello spazio	La classe viene divisa in due squadre che si dispongono in piedi in fila indiana, separate da una fila di sedie. Per maggiore chiarezza si possono numerare gli studenti usando delle etichette adesive. I numeri **1** sono in fondo alla fila. Sulla parete davanti ad ogni squadra viene attaccato il foglio numerato.
preparazione	• scegliere un testo precedentemente letto dagli studenti • individuare nel testo circa quindici elementi degni di nota per la classe ed elaborare un elenco di richieste relative (vedi l'esempio nell'allegato 2) • creare un foglio numerato (vedi l'esempio nell'allegato 3) • creare un foglio con le soluzioni possibili (vedi l'esempio nell'allegato 4)

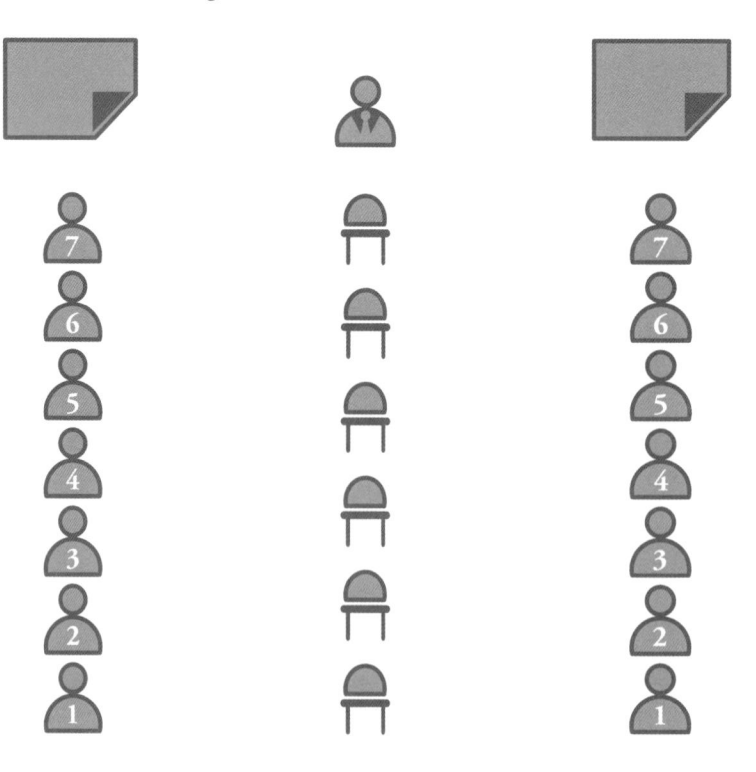

- per ciascuno studente fare una fotocopia del testo e del foglio con le soluzioni possibili
- per ogni squadra fare una fotocopia in formato A3 del foglio numerato

svolgimento

1. Formare due squadre i cui componenti si dispongono in piedi in fila indiana, separati da una fila di sedie (vedi schema in *organizzazione dello spazio*).
2. Attaccare con il nastro adesivo il foglio numerato sulla parete davanti ad ogni squadra.
3. Distribuire il testo e dare 2 minuti a disposizione per rileggerlo.
4. Allo scadere dei 2 minuti spiegare agli studenti che:
   - l'insegnante chiederà loro di trovare nel testo un elemento di grammatica o di vocabolario (per esempio un sinonimo, un'altra parola per dire *terribile*, un verbo irregolare, ecc.);
   - avranno a disposizione 30 secondi (mostrare il timer) per consultarsi, trovare l'elemento richiesto e andare a scriverlo sul foglio in formato A3, attaccato sulla parete davanti alla propria squadra;
   - dopo i 30 secondi concessi si passerà alla richiesta successiva anche se nessun componente delle due squadre è andato a scrivere. Spiegare però che potranno utilizzare i successivi 30 secondi per scrivere anche ciò che non era stato trovato in precedenza, dicendo: *"Se, cercando l'elemento della richiesta attuale, trovate un elemento richiesto precedentemente, suggeritelo al compagno di turno che potrà scriverli entrambi."*;
   - un componente per squadra a turno (non più di uno per ogni squadra e ogni volta uno differente) deve correre a scrivere la risposta sul foglio. Cominceranno gli studenti in fondo alla fila (i numeri **1**) che dopo aver scritto si metteranno davanti (al numero **7** nello schema in *organizzazione dello spazio*). Gli studenti che andranno a scrivere successivamente saranno sempre quelli in fondo alla fila (i numeri **2**, adesso) che dopo aver scritto si collocheranno davanti (adesso davanti ai numeri **1**) e così via;
   - tutti gli studenti della stessa squadra dovranno collaborare e suggerire l'elemento trovato a chi deve andare a scriverlo. Quindi romperanno temporaneamente la fila per raggrupparsi intorno al compagno di turno, per poi riformarla subito dopo.
5. Consegnare i pennarelli di colore diverso agli studenti in fondo alle file (i numeri **1**) e nominare le squadre a seconda del colore del pennarello (per esempio squadra rossa e squadra blu). Il pennarello costituisce il testimone della staffetta e dovrà essere ceduto al compagno di volta in volta.
6. Dare inizio al gioco: mettere il timer e leggere chiaramente una delle richieste (non necessariamente in ordine) in modo che gli studenti possano scrivere la risposta accanto al relativo numero.
7. Alla fine del gioco controllare le risposte di entrambe le squadre e nominare la squadra vincitrice[1].

importante per la riuscita dell'attività

a. essere rigorosi nel rispetto dei tempi;
b. mettersi davanti alle due squadre, al centro, come nello schema in *organizzazione dello spazio* e non permettere agli studenti di avvicinarsi alla parete col foglio numerato. Se necessario, chiedere agli studenti di indietreggiare ogni volta che chi ha scritto si colloca davanti agli altri[2];
c. far ristabilire la fila indiana dopo che gli studenti si sono raggruppati per collaborare.

È una buona idea fotocopiare il foglio con le soluzioni possibili (vedi l'esempio nell'allegato 4) e distribuirlo agli studenti alla fine dell'attività. Si consiglia di chiedere se ci sono domande riguardo alle richieste fatte.

---

[1] Si può prevedere un premio. In tal caso è meglio annunciarlo dall'inizio.
[2] Se gli studenti si avvicinano troppo al foglio numerato non c'è più lo spazio per la corsa, per il movimento.

Le mamme al mare

Al mare le mamme italiane sono terrificanti. Le mamme francesi, inglesi, tedesche sono rilassate: parlano sottovoce, leggono, prendono il sole, nuotano. I loro figli sono tranquilli e sereni: giocano, stanno in acqua, non importunano il prossimo. Le mamme italiane parlano a voce alta, sono nervose ed in perenne attività motoria: frugano nelle buste di plastica, preparano oscene merende, corrono di continuo tra la riva e l'ombrellone.
I loro figli sono nevrotizzati: piangono spesso, urlano e disturbano.
È possibile, a stagione già iniziata, proporre un piccolo decalogo da spiaggia?

1. Guardate come si comportano le mamme che hanno i figli "buoni": imitatele.

2. Se siete stressate e stanche il mare non è l'ideale: meglio ritardare di qualche giorno il trasferimento e riposarsi.

3. Lasciate a casa regole e orari: trasgredire è bello e rilassa.

4. I figli sono soltanto vostri: evitate di "imporli" agli altri.

5. Non umiliateli davanti a tutti con sganassoni e sculacciate isteriche.

6. Lasciateli in pace: quando avranno freddo usciranno dall'acqua. Niente "Albertoooo!" "Mariannaaaa!" urlati per ore dalla riva.

7. Lasciateli in pace: sanno risolvere da soli i piccoli litigi. I vostri interventi risultano disastrosi: producono urla e pianti aggiuntivi.

8. Lasciateli in pace: mille rimproveri e mille baci, mille divieti e mille carezze, farebbero uscire chiunque di senno.

9. Non continuate a usare la figura paterna (assente) come un'oscura minaccia: "quando verrà tuo padre…!"

10. Permettete ai vostri figli ed ai vicini di ombrellone una serena e riposante vacanza. Grazie.

allegato 2 • livello A2   *richieste*

trovate:

1. Un'espressione che significa *"a voce bassa"*

2. Un sinonimo di *"cercano"*.

3. Due sostantivi che indicano tutti e due violenza fisica, colpi dati con la mano.

4. Un verbo che significa *"non rispettare le regole"*.

5. Una parola che significa *"lista di 10 regole"*.

6. L'oggetto per ripararsi dal sole.

7. Un aggettivo, contrario di *"presente"*.

8. Un'espressione che significa *"diventare matto"*.

9. Un verbo coniugato al tempo futuro.

10. Due verbi coniugati all'imperativo.

11. Una combinazione preposizione + articolo.

12. Un verbo al presente, terza persona plurale.

13. Una forma del verbo *"sapere"*.

14. Un possessivo.

15. Un sinonimo di *"fate come loro"*.

foglio numerato

allegato 3 • livello A2

1. _____
_____
2. _____
_____
3. _____
_____
4. _____
_____
5. _____
_____
6. _____
_____
7. _____
_____
8. _____
_____
9. _____
_____
10. _____
_____
11. _____
_____
12. _____
_____
13. _____
_____
14. _____
_____
15. _____
_____

allegato 4 • livello A2 — *soluzioni possibili*

1. Un'espressione che significa *"a voce bassa"*.

2. Un sinonimo di *"cercano"*.

3. Due sostantivi che indicano tutti e due violenza fisica, colpi dati con la mano.

4. Un verbo che significa *"non rispettare le regole"*.

5. Una parola che significa *"Lista di 10 regole"*.

6. L'oggetto per ripararsi dal sole.

7. Un aggettivo, contrario di *"presente"*.

8. Un'espressione che significa *"diventare matto"*.

9. Un verbo coniugato al tempo futuro.

10. Due verbi coniugati all'imperativo.

11. Una combinazione preposizione + articolo.

12. Un verbo al presente, terza persona plurale.

13. Una forma del verbo *"sapere"*.

14. Un possessivo.

15. Un sinonimo di *"fate come loro"*.

---

1. sottovoce

2. frugano

3. sganassoni, sculacciate

4. trasgredire

5. decalogo

6. ombrellone

7. assente

8. uscire di senno

9. avranno, usciranno, verrà

10. guardate, imitateli, lasciate, evitate, non umiliateli, lasciateli, non continuate, permettete

11. al, nelle, agli, dall', dalla, ai

12. sono, parlano, leggono, prendono, nuotano, giocano, stanno, importunano, frugano, preparano, corrono, piangono, urlano, disturbano, si comportano, hanno, sanno risultano, producono.

13. sanno

14. loro, vostri, tuo

15. imitateli

15 la voce incorporata

di che si tratta	*creazione di un testo teatrale partendo da un testo scritto e messa in scena* Gli studenti, in coppie, trasformano un testo scritto in un testo teatrale.
competenze esercitate e scopi didattici	produzione controllata orale fonologia lessico
livello	da B1 a C2 (allegato fornito per il livello C1)
durata	circa 2 ore
materiale	• un testo
preparazione	• scegliere un testo che presenti un dialogo[1] e trascriverlo al computer • fare una fotocopia del testo per ogni studente • creare un versione dello stesso testo contenente spazi per aggiungere delle annotazioni (vedi l'esempio nell'allegato 3) e farne una fotocopia per ogni studente • selezionare nel testo alcune parole in numero pari alla metà degli studenti presenti in classe e suddividere ciascuna parola in due parti, possibilmente non proprio a metà (vedi l'esempio nell'allegato 2) • trascrivere le "parti" di parola su dei foglietti, tutti della stessa grandezza, piegati in modo tale che non se ne veda il contenuto • preparare delle buste in numero pari alla metà degli studenti presenti in classe. In ciascuna mettere un foglio sul quale è scritta l'istruzione seguente: *"Decidete l'età e le caratteristiche fisiche dei due personaggi e del loro abbigliamento e scrivetele su entrambi i vostri testi. Tenete presente che l'età, l'epoca e la città che avete già scelto condizionano sia alcuni elementi dell'aspetto fisico (taglio dei capelli, assenza o presenza del trucco, altezza dei personaggi, ecc.), sia del loro abbigliamento. Avete 15 minuti a disposizione e potete usare il dizionario."*

---

[1] Nella scelta del testo da utilizzare si raccomanda di estrarre, da testi letterari, dialoghi in cui non venga esplicitato né il luogo né l'epoca in cui si svolgono. Il testo qui usato a titolo esemplificativo è il racconto "Coincidenze", da *"L'ultima lacrima"* di Stefano Benni, Feltrinelli, 1994 (vedi allegato 1).

a. primo giorno — *svolgimento*

1. Distribuire il testo capovolto.
2. Dire agli studenti che:
   - avranno 3 minuti per leggerlo[2];
   - avranno 10 minuti[3] per consultare il dizionario individualmente;
   - avranno 3 minuti per rileggere il testo.
3. Formare delle coppie mettendo i foglietti con le "parti" di parole mischiati, a terra lontano dagli studenti e invitare questi ultimi ad alzarsi, a pescare ognuno un foglietto e a cercare il compagno che ha l'altra metà della parola. Le coppie così costituite vanno a sedersi.
4. Dire agli studenti che ogni coppia deve decidere dove (nome della città o altro luogo geografico) e quando (una data del passato, del presente o del futuro) secondo loro, si svolge il dialogo. Ogni componente della coppia dovrà scrivere questi dati sulla propria copia del testo.
5. Mentre gli studenti lavorano, mettere qua e là in giro per l'aula le buste.
6. Dire poi agli studenti che al via uno dei componenti di ogni coppia deve prendere una busta. Tornato al posto, deve, insieme al compagno, eseguire l'istruzione contenuta nella busta.
7. Aggiungere che il testo verrà rappresentato davanti alla classe e che quindi deve essere trasformato in un testo teatrale.
9. Dare ad ogni studente una copia del testo contenente degli spazi per aggiungere delle annotazioni (vedi allegato 3) e dare la seguente consegna:
   "Ora completate il testo teatrale, in modo che possa essere rappresentato. Dovrete dunque pensare a come i due personaggi si muovono sulla scena mentre parlano ed a come pronunciano le parole (sussurrando, balbettando, urlando, ecc.). Questo lavoro dovrà essere fatto per ogni battuta del testo, tenendo conto delle caratteristiche che avete precedentemente scelto." Aggiungere: *"ATTENZIONE: il vostro testo teatrale dovrà essere rappresentato da un'altra coppia di studenti per cui dovrete essere molto espliciti, e dovrete scrivere in modo leggibile. Avete quaranta minuti per completare il lavoro[4]."*
10. A lavoro concluso, consegnare ogni testo teatrale ad una coppia di studenti diversa da quella che lo ha redatto.
11. Dire agli studenti che per la lezione successiva, dovranno portare da casa degli oggetti che potranno essere utili per la rappresentazione del testo che hanno ricevuto.

b. secondo giorno

1. Dire agli studenti che:
   - dovranno esercitare pronuncia, ritmo e intonazione del dialogo seguendo le istruzioni del testo teatrale che hanno ricevuto. (È importante fare un esempio su una delle battute del testo, per dimostrare quanto le stesse parole possano assumere significati molto diversi a seconda che le si dica in modo incerto e timido o in modo aggressivo e provocatorio);
   - avranno 40 minuti di tempo per provare insieme il dialogo seguendo le istruzioni del testo teatrale;
   - dovranno seguire alla lettera le indicazioni relative a come i personaggi si muovono sulla scena e a come parlano;
   - possono rivolgersi all'insegnante per qualsiasi tipo di problema.
2. Conclusa la fase di preparazione, le coppie (alcune o tutte[5]) rappresentano il loro pezzo teatrale davanti alla classe[6].

[2/3/4] Tempo che varia a seconda del livello della classe e/o della difficoltà del testo.
[5] Per stabilire l'ordine delle rappresentazioni e per evitare eventuali proteste è utile usare le carte da gioco: distribuire ad ogni coppia una carta contrassegnata da un numero e da un colore. L'insegnante avrà in mano un uguale numero di carte da cui estrarrà un numero che indicherà quale coppia dovrà recitare davanti agli altri.
[6] È importante creare uno spazio scenico, anche piccolo, all'interno del quale si svolgerà la rappresentazione: se non esistono altre possibilità spostare il tavolo dell'insegnante, che così seguirà i pezzi teatrali da spettatore insieme agli studenti.

Coincidenze

C'erano nell'ordine una città, un ponte bianco e una sera piovosa. Da un lato del ponte avanzava un uomo con ombrello e cappotto. Dall'altro una donna con cappotto e ombrello. Esattamente al centro del ponte, là dove due leoni di pietra si guardavano in faccia da centocinquant'anni, l'uomo e la donna si fermarono, guardandosi a loro volta. Poi l'uomo parlò:
- Gentile signorina, pur non conoscendola, mi permetto di rivolgerle la parola per segnalarle una strana coincidenza, e cioè che questo mese, se non sbaglio, è la quindicesima volta che ci incontriamo esattamente in questo punto.
- Non sbaglia, cortese signore. Oggi è la quindicesima volta.
- Mi consenta inoltre di farle presente che ogni volta abbiamo sottobraccio un libro dello stesso autore.
- Sì, me ne sono resa conto: è il mio autore preferito, e anche il suo, presumo.
- Proprio così. Inoltre, se mi permette, ogni volta che lei mi incontra, arrossisce violentemente, e per qualche strana coincidenza, la stessa cosa succede anche a me.
- Avevo notato anch'io questa bizzarria. Potrei aggiungere che lei accenna un lieve sorriso e sorprendentemente, anch'io faccio lo stesso.
- È davvero incredibile: in più, ogni volta ho l'impressione che il mio cuore batta più in fretta.
- È davvero singolare, signore, è così anche per me, e inoltre mi tremano le mani.
- È una serie di coincidenze davvero fuori dal comune. Aggiungerò che, dopo averla incontrata, io provo per alcune ore una sensazione strana e piacevole...
- Forse la sensazione di non aver peso, di camminare su una nuvola e di vedere le cose di un colore più vivido?
- Lei ha esattamente descritto il mio stato d'animo. E in questo stato d'animo, io mi metto a fantasticare...
- Un'altra coincidenza! Anch'io sogno che lei è a un passo da me, proprio in questo punto del ponte, e prende le mie mani tra le sue...
- Esattamente. In quel preciso momento dal fiume si sente suonare la sirena di quel battello che chiamano "il battello dell'amore".
- La sua fantasia è incredibilmente uguale alla mia! Nella mia, dopo quel suono un po' melanconico, non so perché, io poso la testa sulla sua spalla.
- E io le accarezzo i capelli. Nel fare questo, mi cade l'ombrello. Mi chino a raccoglierlo, lei pure e...
- E trovandoci improvvisamente viso contro viso ci scambiamo un lungo bacio appassionato, e intanto passa un uomo in bicicletta e dice...
- ...Beati voi, beati voi...
Tacquero. Gli occhi del signore brillavano, lo stesso fecero quelli della signorina. In lontananza, si udiva la melanconica sirena di un battello che si avvicinava. Poi lui disse:
- Io credo, signorina, che una serie così impressionante di coincidenze non sia casuale.
- Non lo credo neanch'io, signore.
- Voglio dire, qua non si tratta di un particolare, ma di una lunghissima sequenza di particolari. La ragione può essere una sola.
- Certo, non possono essercene altre.
- La ragione è - disse l'uomo sospirando - che ci sono nella vita sequenze bizzarre, misteriose consonanze, segni rivelatori di cui sfioriamo il significato, ma di cui purtroppo non possediamo la chiave.
- Proprio così - sospirò la signorina - bisognerebbe essere medium, o indovini, o forse cultori di qualche disciplina esoterica per riuscire a spiegare gli strani avvertimenti del destino che quotidianamente echeggiano nella nostra vita.
- In tutti i casi ciò che ci è accaduto è davvero singolare.
- Una serie di impressionanti coincidenze, impossibile negarlo.
- Forse un giorno ci sarà una scienza in grado di decifrare tutto questo. Intanto le chiedo scusa del disturbo.
- Nessun disturbo, anzi, è stato un piacere.
- La saluto, gentile signorina.
- E La saluto, cortese signore.
E se ne andarono di buon passo, ognuno per la sua strada.

da *"L'ultima lacrima"* di Stefano Benni, Feltrinelli, 1994

allegato 2 • livello C1

parole divise
(per la creazione casuale delle coppie)

PIO	VOSA		OM	BRELLO
AVAN	ZAVA		COR	TESE
CONO	SCENDOLO		PRE	FERITO
SING	OLARE		COIN	CIDENZE
SENS	AZIONE		FAN	TASIA
MEL	ANCONICO		ACCA	REZZO
VI	SO		BA	CIO

testo con spazi per annotazioni

allegato 3 • livello C1

C'erano nell'ordine una città, un ponte bianco e una sera piovosa. Da un lato del ponte avanzava un uomo con ombrello e cappotto. Dall'altro una donna con cappotto e ombrello. Esattamente al centro del ponte, là dove due leoni di pietra si guardavano in faccia da centocinquant'anni, l'uomo e la donna si fermarono, guardandosi a loro volta. Poi l'uomo parlò:

- Gentile signorina, pur non conoscendola, mi permetto di rivolgerle la parola per segnalarle una strana coincidenza, e cioè che questo mese, se non sbaglio, è la quindicesima volta che ci incontriamo esattamente in questo punto.

- Non sbaglia, cortese signore. Oggi è la quindicesima volta.

- Mi consenta inoltre di farle presente che ogni volta abbiamo sottobraccio un libro dello stesso autore.

- Sì, me ne sono resa conto: è il mio autore preferito, e anche il suo, presumo.

- Proprio così. Inoltre, se mi permette, ogni volta che lei mi incontra, arrossisce violentemente, e per qualche strana coincidenza, la stessa cosa succede anche a me.

- Avevo notato anch'io questa bizzarria. Potrei aggiungere che lei accenna un lieve sorriso e sorprendentemente, anch'io faccio lo stesso.

- È davvero incredibile: in più, ogni volta ho l'impressione che il mio cuore batta più in fretta.

- È davvero singolare, signore, è così anche per me, e inoltre mi tremano le mani.

- È una serie di coincidenze davvero fuori dal comune. Aggiungerò che, dopo averla incontrata, io provo per alcune ore una sensazione strana e piacevole...

- Forse la sensazione di non aver peso, di camminare su una nuvola e di vedere le cose di un colore più vivido?

- Lei ha esattamente descritto il mio stato d'animo. E in questo stato d'animo, io mi metto a fantasticare...

- Un'altra coincidenza! Anch'io sogno che lei è a un passo da me, proprio in questo punto del ponte, e prende le mie mani tra le sue...

- Esattamente. In quel preciso momento dal fiume si sente suonare la sirena di quel battello che chiamano "il battello dell'amore".

- La sua fantasia è incredibilmente uguale alla mia! Nella mia, dopo quel suono un po' melanconico, non so perché, io poso la testa sulla sua spalla.

- E io le accarezzo i capelli. Nel fare questo, mi cade l'ombrello. Mi chino a raccoglierlo, lei pure e...

- E trovandoci improvvisamente viso contro viso ci scambiamo un lungo bacio appassionato, e intanto passa un uomo in bicicletta e dice...

- ...Beati voi, beati voi...

Tacquero. Gli occhi del signore brillavano, lo stesso fecero quelli della signorina. In lontananza, si udiva la melanconica sirena di un battello che si avvicinava. Poi lui disse:

- Io credo, signorina, che una serie così impressionante di coincidenze non sia casuale.

- Non lo credo neanch'io, signore.

- Voglio dire, qua non si tratta di un particolare, ma di una lunghissima sequenza di particolari. La ragione può essere una sola.

testo con spazi per annotazioni — allegato 3 • livello C1

- Certo, non possono essercene altre.

- La ragione è - disse l'uomo sospirando - che ci sono nella vita sequenze bizzarre, misteriose consonanze, segni rivelatori di cui sfioriamo il significato, ma di cui purtroppo non possediamo la chiave.

- Proprio così - sospirò la signorina - bisognerebbe essere medium, o indovini, o forse cultori di qualche disciplina esoterica per riuscire a spiegare gli strani avvertimenti del destino che quotidianamente echeggiano nella nostra vita.

- In tutti i casi ciò che ci è accaduto è davvero singolare.

- Una serie di impressionanti coincidenze, impossibile negarlo.

- Forse un giorno ci sarà una scienza in grado di decifrare tutto questo. Intanto le chiedo scusa del disturbo.

- Nessun disturbo, anzi, è stato un piacere.

- La saluto, gentile signorina.

- E La saluto, cortese signore.

E se ne andarono di buon passo, ognuno per la sua strada.

16 mimo racconta

"Posso impadronirmi della disciplina della libertà anziché della sregolatezza della libertà?"
Philip Roth, *L'animale morente*

di che si tratta	*creazione di narrazione orale a partire dal mimo del compagno* È un gioco in cui, in ogni coppia di studenti, c'è chi mima una propria vicenda personale e chi deve tradurre il mimo in parole. Ci sono due versioni del gioco. La prima prevede che le produzioni orali degli studenti siano "libere", cioè chi traduce il mimo in parole non è vincolato alla correttezza morfosintattica. La seconda, invece, richiede, a seconda del livello di competenza, un certo "autocontrollo" grammaticale.
competenze esercitate e scopi didattici	narrazione orale riflessione metalinguistica produzione controllata orale
livello	da A2 a C1 (la **modalità libera** solo fino al livello B2)
durata	circa un'ora
materiale	• musica rilassante • cartoncini (solo per la **modalità "controllata"**)
preparazione	**per modalità libera e modalità "controllata"** • scegliere un episodio della propria vita[1] e sintetizzarlo in frasi semplici e sintetiche, al fine di avere una rappresentazione esatta di ciò che si vorrà poi mimare. Per esempio: a) Io e un mio amico eravamo in centro, di sera. b) Eravamo tutti e due ubriachi c) ed io volevo comprare una camicia. d) Ci trovavamo vicino ad un negozio e) e sono andato verso l'entrata, f) ma non ho visto che la porta era chiusa g) ed ho sbattuto la testa. h) Mi sono girato, ho fatto pochi passi, ed ho sbattuto di nuovo la testa contro un lampione. i) Alla fine io e il mio amico ridevamo abbracciati al lampione. **per modalità "controllata"** • fotocopiare l'allegato 1 su cartoncini colorati (in numero pari al numero delle coppie) oppure preparare una lista di indicazioni grammaticali simili[2] e fotocopiarla su cartoncini colorati[3] (in numero pari al numero delle coppie) • ritagliare i cartoncini • per ogni coppia di studenti preparare una busta contenente i cartoncini[4]

[1] Una disavventura, una brutta figura, una bella sorpresa, un litigio finito bene, un fatto strano, ecc..
[2] Per il livello A2 funzionano bene i quattro cartoncini indicanti AUSILIARE/PARTICIPIO PASSATO/PERSONA DEL VERBO/TEMPO VERBALE.
[3] Provvedendo a plastificarli, se c'è la possibilità.
[4] Ogni coppia deve ricevere un cartoncino per ogni indicazione grammaticale.

scaletta | Poiché esistono 2 versioni del gioco, ci sono 2 fasi (quella del *modello* e quella del *mimo*) che presentano delle differenze. Le altre sono uguali. Eccone lo schema sintetico:

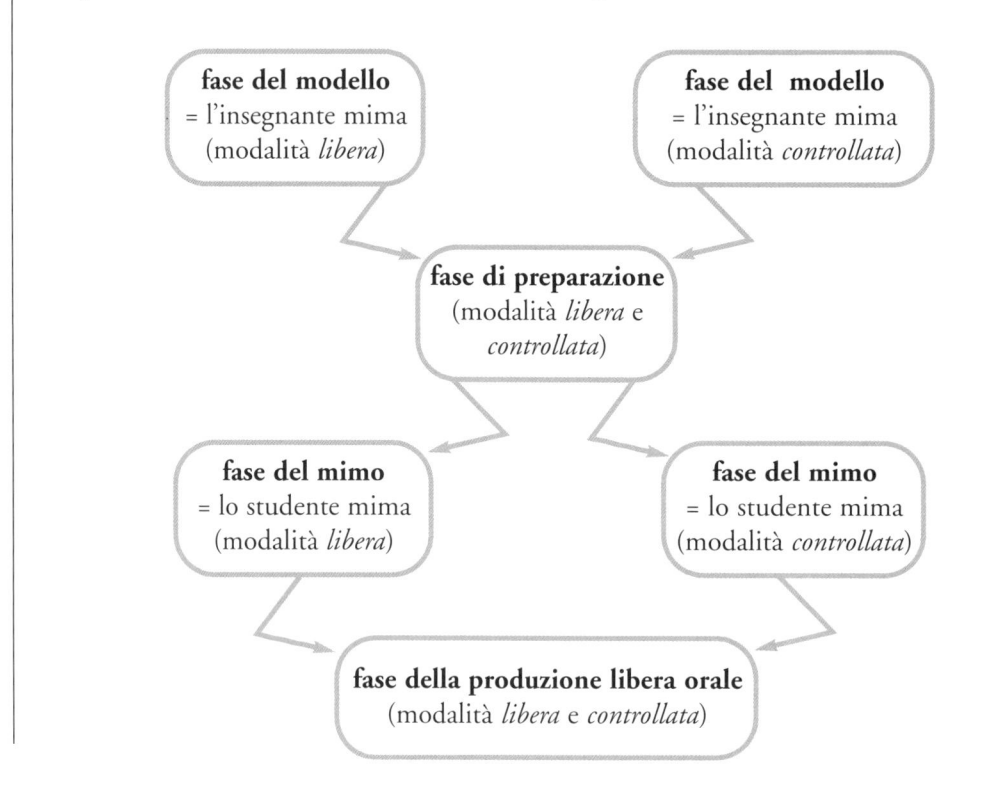

```
    fase del modello                    fase del modello
   = l'insegnante mima               = l'insegnante mima
    (modalità libera)                 (modalità controllata)
              ↘                       ↙
              fase di preparazione
              (modalità libera e
                  controllata)
              ↙                       ↘
     fase del mimo                      fase del mimo
    = lo studente mima                = lo studente mima
     (modalità libera)                 (modalità controllata)
              ↘                       ↙
         fase della produzione libera orale
           (modalità libera e controllata)
```

svolgimento

modalità libera

fase del modello
1. Annunciare agli studenti che racconterete, frase per frase, un episodio della vostra vita. Però, invece di parlare, mimerete. Sarà la classe che cercherà di indovinare e dire le frasi mimate.
2. Cominciare a mimare l'episodio coinvolgendo la classe.
3. Appena qualcuno degli studenti propone una frase che corrisponde più o meno all'azione mimata (al significato rappresentato), anche se non è esattamente la frase prevista, fare chiari gesti di assenso, chiedendo (sempre in silenzio) di ripeterla ad almeno un altro studente in modo che tutti sappiano di cosa si tratta.
4. Procedere con il mimo dell'azione successiva fino a concludere il racconto, naturalmente cercando di aiutare in ogni modo gli studenti per portarli progressivamente a produrre un enunciato che rappresenti l'azione mimata. Usare gesti, disegni alla lavagna, oggetti e qualsiasi altra risorsa necessaria. Non è importante la correttezza grammaticale, ma piuttosto il dinamismo dell'azione, e che il significato sia stato colto.

fase della preparazione
1. Disporre gli studenti in cerchio.
2. Chiedere agli studenti di mettersi comodi sulla sedia, di chiudere gli occhi e rilassarsi.
3. Far partire una musica adatta.
4. Con voce calma e suadente, chiedere agli studenti di pensare ad almeno 2 episodi della loro vita particolari, curiosi e/o divertenti. Hanno 2/3 minuti per pensarci.

svolgimento

fase del mimo
1. Predisporre lo spazio-classe in modo che le sedie stiano ai lati dell'aula, e non siano d'ingombro[5]. Chiedere agli studenti, di rimanere in piedi in coppie, occupando l'intero spazio dell'aula.
2. Dire agli studenti che:
   - dovranno mimare i 4 episodi alternandoli;
   - potranno rivolgersi all'insegnante per eventuali dubbi grammaticali;
   - chi deve indovinare può fare domande a chi mima;
   - chi mima non deve proseguire nel proprio racconto fin quando chi deve indovinare non avrà prodotto una frase che corrisponda almeno nel significato all'azione mimata[6].
3. Dare il via al gioco dichiarando: *"Avete 30 minuti a disposizione. Stabilite chi comincia a mimare e per quanto tempo lo farà. Il gioco finisce quando una coppia avrà terminato. Via!"*
4. Mettersi in disparte.

fase della produzione libera orale
1. Formare nuove coppie.
2. Chiedere agli studenti di sedersi uno di fronte all'altro.
3. Dire agli studenti di parlare liberamente delle loro esperienze precedentemente mimate. Potranno chiamare l'insegnante in qualsiasi momento come "dizionario".
4. Si può anche organizzare un cambio di coppie. In questo caso inserire un ulteriore elemento inatteso, chiedendo alle nuove coppie di raccontare gli episodi che hanno ascoltato dai colleghi precedenti.

b. modalità "controllata"[7]

fase del modello
1. Mostrando i cartoncini, annunciare agli studenti che ora faranno insieme un gioco grammaticale.
2. Verificare che la terminologia utilizzata nei cartoncini sia chiara[8].
3. Annunciare agli studenti che racconterete, frase per frase, un episodio della vostra vita. Però, invece di parlare, mimerete. Sarà la classe che cercherà di indovinare e dire le frasi mimate. Spiegare, inoltre, che se una frase contiene un errore, verrà mostrato il cartoncino corrispondente, e gli studenti dovranno correggerlo.
4. Cominciare a mimare l'episodio coinvolgendo la classe.
5. Appena qualcuno degli studenti propone una frase che corrisponde più o meno all'azione mimata (al significato rappresentato), anche se non è esattamente la frase prevista, fare chiari gesti di assenso, chiedendo (sempre in silenzio) di ripeterla ad almeno un altro studente in modo che tutti sappiano di cosa si tratta.
6. Se la grammatica, limitatamente agli aspetti a cui i cartoncini si riferiscono[9], non fosse corretta, esibire il cartoncino opportuno, e lavorare con gli studenti, sempre in silenzio, per far correggere la frase. Si tratterà di fare gesti, segni di assenso o di diniego, e di valorizzare, sempre a gesti, le ipotesi che vanno nella giusta direzione fino a portarli alla conclusione opportuna.
7. Risolti i problemi procedere con il mimo dell'azione successiva fino a concludere il racconto.

---

[5]Questa attività può essere svolta anche in spazi angusti. Chi abbia in classe le classiche file di banchi, o addirittura i banchi fissi, potrà sfruttare gli spazi tra le file. Sarà sufficiente crederci, ed il resto lo faranno gli studenti.
[6]È importante dare la giusta enfasi a questa istruzione. È un espediente essenziale per evitare che si producano lavori di coppia superficiali, fiacchi o troppo sbrigativi.
[7]Seguendo questa modalità gli studenti lavoreranno sull'accuratezza e sulla riflessione metalinguistica.
[8]Chiedere alla classe di dare rapidamente degli esempi per ogni cartoncino e scriverli alla lavagna.
[9]Altri aspetti grammaticali saranno ignorati, perché ritenuti di poco interesse per studenti del livello mirato.

svolgimento

attività di drammatizazione b

fase della preparazione (come nella modalità libera)

fase del mimo
1. Predisporre lo spazio-classe in modo che le sedie stiano ai lati dell'aula, e non siano d'ingombro[10]. Chiedere agli studenti, di rimanere in piedi in coppie, occupando l'intero spazio dell'aula.
2. Dire agli studenti che dovranno mimare i 4 episodi alternandoli.
3. Distribuire ad ogni coppia i cartoncini.
4. Spiegare agli studenti quali sono le regole per usarli:
   - chi mima userà i cartoncini per indicare, a chi cerca di indovinare, che qualcosa non va, aiutandosi con piccoli gesti come conferme o negazioni, o altro;
   - se i problemi grammaticali dovessero essere più di uno, il giocatore mostrerà prima un cartoncino, poi, risolto quel problema, ne esibirà un altro per indicare che c'è ancora un problema e di che tipo. Il gesto sarà simpatico ed enfatico, come quello dell'arbitro che estrae il cartellino davanti al giocatore durante una partita;
   - in caso di contestazioni o dubbi, potranno chiamare l'insegnante in qualità di arbitro e di consulente grammaticale;
   - se malgrado il mimo e i cartoncini, con i relativi dinieghi e assensi, l'altro giocatore non dovesse correggere la frase nel modo indicato da chi sta mimando, quest'ultimo provvede a dare la soluzione. Questo per evitare che il gioco si blocchi, o si dilunghi troppo.
5. Ricordare alla classe che:
   - chi deve indovinare può fare domande a chi mima;
   - chi mima non deve proseguire nel proprio racconto fin quando chi deve indovinare non avrà prodotto una frase che corrisponda almeno nel significato all'azione mimata[11].
6. Dare il via al gioco dichiarando: *"Avete 30 minuti a disposizione. Stabilite chi comincia a mimare e per quanto tempo lo farà. Il gioco finisce quando una coppia avrà terminato. Via!"*
7. Mettersi in disparte.

regole per l'insegnante

a. Qualora venga esplicitamente richiesto un intervento, dirimere velocemente la controversia, senza dilungarsi mai in dettagliate spiegazioni grammaticali. Bisogna, cioè, fornire una risposta semplice e puntuale al problema, per poi defilarsi rapidamente.

b. Può accadere che chi mima, nel rappresentare verbalmente la propria azione, stia lui stesso sbagliando la grammatica, e che il collega di gioco non ne abbia consapevolezza e giochi comunque secondo le indicazioni date attraverso il mimo o i cartoncini. In questo caso, se l'insegnante non è chiamato dalla coppia, il gioco segue il suo corso. Questo "difetto", per quanto possa sembrare paradossale, non è importante per almeno una buona ragione: perché si tratta di un'ipotesi che sta all'interno dell'interlingua dello studente, è cioè frutto della sua attuale elaborazione della lingua bersaglio.

c. Può anche accadere che la coppia non chieda mai la consulenza dell'insegnante, e nonostante ciò produca "frasi difettose". Anche in tal caso, vale quanto detto prima: non ha importanza, il gioco prosegue.

fase della produzione libera orale (come nella modalità libera)

---

[10] Questa attività può essere svolta anche in spazi angusti. Chi abbia in classe le classiche file di banchi, o addirittura i banchi fissi, potrà sfruttare gli spazi tra le file. Sarà sufficiente crederci, ed il resto lo faranno gli studenti.

[11] È importante dare la giusta enfasi a questa istruzione. È un espediente essenziale per evitare che si producano lavori di coppia superficiali, fiacchi o troppo sbrigativi.

svolgimento

alcune considerazioni finali

A proposito del rilassamento durante la "fase di preparazione"
Creare una condizione di relax non è un elemento accessorio: diminuendo la tensione infatti si possono concentrare altrove le proprie energie, ad esempio per ricordare.

A proposito della "fase del mimo"
L'insegnante deve controllare la fine dell'attività. Questo aspetto può parere a prima vista marginale, ma forse è bene esprimere in merito una chiara norma generale. Quando una coppia termina il lavoro, il gioco finisce per tutti. E ciò costituisce, a parere di chi scrive, un principio generale che è bene rispettare quanto più possibile. Bisogna evitare la noia, un principio duro ma aureo: aspettare che tutti finiscano è per i più veloci (o per i più superficiali) puro torpore, e potrebbe anche causare nello studente un vissuto di noia rispetto alla classe, all'attività, e, di certo, rispetto all'insegnante.

A proposito della "fase della produzione libera orale"
Dopo aver giocato lo studente ha di solito molta energia e voglia di raccontare le proprie storie. Tirerà fuori, con una forte dose di motivazione, delle inaspettate riserve di lingua bersaglio. L'insegnante in questa situazione si metterà da parte, dando preventivamente la propria disponibilità a fare da "dizionario" per gli studenti. E provvederà a mettere di fronte ogni coppia di studenti, cioè faccia a faccia. Anche quest'ultimo dettaglio non è affatto marginale, almeno se si vuole ottenere una più duratura interazione fra pari. Essere realmente l'uno di fronte all'altro crea intimità, conoscenza, e responsabilizza rispetto al compito comunicativo.

cartoncini - categorie grammaticali — allegato 1

- AUSILIARE
- PARTICIPIO PASSATO
- PERSONA DEL VERBO
- TEMPO VERBALE
- MODO DEL VERBO
- PREPOSIZIONE
- PRONOME
- ACCORDO SOSTANTIVO AGGETTIVO
- ARTICOLO

17 prendere e lasciare

di che si tratta	*gara a squadre per ricostruire parti di un testo scritto o orale* Gli studenti, divisi in squadre, gareggiano per completare un breve testo di lingua scritta o orale. Ogni squadra ha una versione diversa del testo: in una versione mancano le parole contenute nell'altra e viceversa.
competenze esercitate e scopi didattici	analisi morfosintattica e testuale
livello	tutti: da A1 a C2 (allegato fornito per il livello B1)
durata	circa 45 minuti
materiale	• un testo • due buste di due colori diversi • dizionari • pasta adesiva o calamite
organizzazione dello spazio	L'aula va liberata da qualsiasi elemento che possa ostacolare il movimento degli studenti (sedie in eccesso, zaini, ecc.). In presenza di banchi si consiglia di disporli lungo le pareti in modo da creare un'area centrale quanto più ampia possibile. Le sedie, per ogni squadra, sono disposte a semicerchio di fronte alla lavagna. Gli studenti sono divisi in due squadre[1], lontane tra loro nella classe ma frontali rispetto alla lavagna.

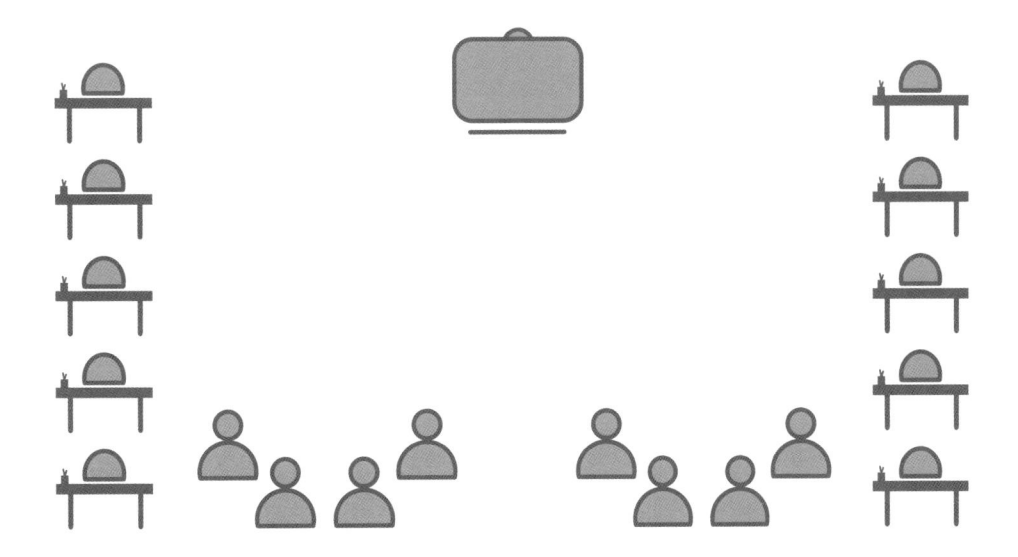

---

[1] Il numero massimo consigliato di studenti per ogni squadra è 7. Oltre tale numero si consiglia di dare vita a due partite in contemporanea: si dividono, quindi, gli studenti in 4 squadre. La prima partita occuperà solo la metà dello spazio-classe e l'altra occuperà l'altra metà e utilizzerà la parete in fondo all'aula. Si utilizzeranno come lavagna grandi fogli di carta attaccati alle pareti di fronte alle squadre.

| *preparazione* | • scegliere un breve testo scritto (circa sessanta parole) adatto al livello della classe[2] e trascriverlo al computer su un foglio formato A4 in caratteri grandi tanto da occupare quasi tutto il foglio (vedi l'esempio nell'allegato 1)
• dividere il testo in unità lessicali (cioè parole singole o gruppi di parole come di *fronte a*, *stanca morta*, *cercherò di*, ecc.) e distinguerle con due stili diversi (*corsivo*/**grassetto**) in modo alternato (vedi l'esempio nell'allegato 2)
• fotocopiare il testo in formato A3
• colorare le unità lessicali in modo alternato con due evidenziatori di colore diverso in modo da poter facilmente assegnare la metà delle unità lessicali ad una squadra e l'altra metà all'altra squadra
• tagliare le "tessere" così ottenute e metterle in due buste da lettera di colore diverso, la "busta per la squadra A" e la "busta per la squadra B"
• creare due fogli ("foglio per la squadra A" e "foglio per la squadra B") ognuno dei quali privo della metà delle unità lessicali (una sì e una no) ma in modo complementare: ciò che sarà su un foglio mancherà sull'altro e viceversa (vedi gli esempi negli allegati 3 e 4). Da notare che gli spazi vuoti sono di lunghezza uniforme
• fotocopiare i fogli A e B in formato A3 |
|---|---|

svolgimento

1. Disporre le sedie come indicato in *organizzazione dello spazio*.
2. Chiedere agli studenti di sedersi (senza penna) per squadre e comunicare loro che possono utilizzare il dizionario.
3. Chiedere alle due squadre di scegliere un nome che le rappresenti durante l'attività. Dividere verticalmente in due la lavagna e scrivere in ogni metà il nome di una squadra.
4. Dare un numero progressivo a ciascun componente di ogni squadra e ricordare che ognuno, senza eccezioni, dovrà alzarsi al momento dovuto.
5. Mettere in terra all'interno del semicerchio formato dai componenti di ciascuna squadra il "foglio per la squadra A" e il "foglio per la squadra B".
6. Consegnare ad ogni squadra la busta con le tessere.
7. Estrarre due tessere dalla busta A e attaccarle alla lavagna nello spazio della squadra B e viceversa.
8. Annunciare agli studenti che dovranno, a turno, (in contemporanea all'avversario):
   • estrarre una tessera, senza sceglierla, dalla busta e portarla alla lavagna (lasciando la busta al suo posto);
   • attaccare la tessera nello spazio dell'altra squadra e prenderne una dallo spazio della propria squadra. Avranno poi 30 secondi per tornare dalla propria squadra e discutere dove inserire, nel proprio foglio, la tessera appena presa[3]. (In momenti di indecisione da parte degli studenti una buona tattica è scandire il tempo a voce alta.).
9. Procedere in questo modo fino a quando non saranno esaurite tutte le tessere della busta[4].
10. Dare 2 turni supplementari per collocare le tessere ancora attaccate sulla lavagna.
11. Dare 5 minuti perché le squadre riorganizzino il tutto.

---

[2] Andrebbe benissimo anche parte della trascrizione di un testo orale ascoltato in classe.
[3] Se la tessera presa non viene inserita nel foglio, deve essere riportata alla lavagna il turno successivo, in tal caso si salta un turno.
[4] In caso di impasse l'insegnante regala una soluzione ad ogni squadra.

svolgimento

12. Allo scadere del tempo ogni squadra nomina un "contapunti" che riceverà dall'insegnante il testo originale, sezionato in tessere (vedi esempio nell'allegato 2) e andrà dalla squadra avversaria a calcolare il punteggio raggiunto.
13. Dichiarare la squadra vincitrice.
14. Dopo il gioco, lasciare a disposizione di ogni squadra il testo originale e rendersi disponibili a dare eventuali chiarimenti.

variante

Per rendere il testo più trasparente e renderne quindi il completamento fattibile o più rapido, alcune parole o gruppi di parole (gli stessi) possono essere lasciati scritte sia sul foglio A che sul foglio B.

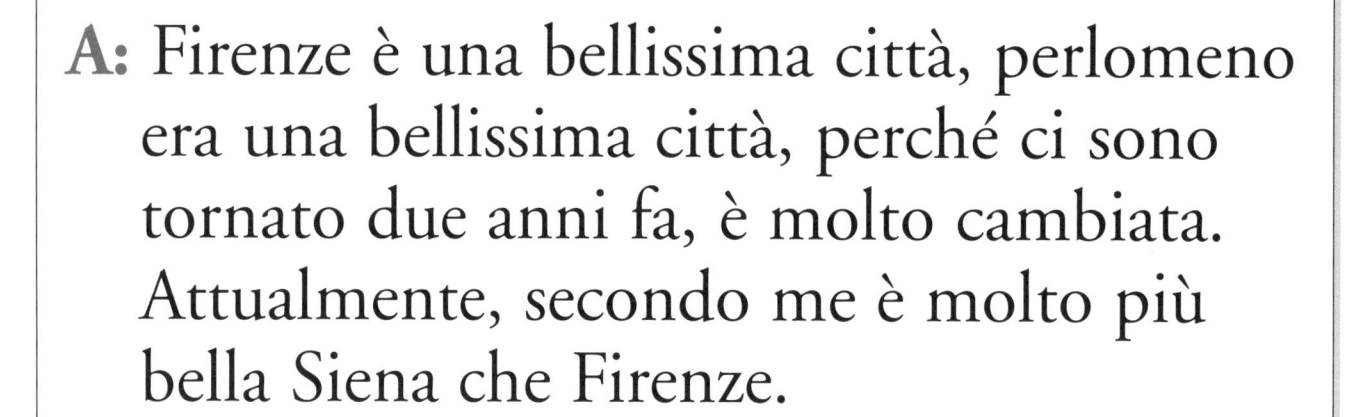

A: Firenze è una bellissima città, perlomeno era una bellissima città, perché ci sono tornato due anni fa, è molto cambiata. Attualmente, secondo me è molto più bella Siena che Firenze.

B: È meno invasa dai turisti.

A: Cioè... Sì, meno turistica.

B: Ma Firenze è sempre stata così, no?

A: Ma no! Anni fa, cioè, trovavi alcuni quartieri dove trovavi l'artigiano, l'oste che ti fermava o la persona fiorentina. Adesso, invece, è proprio una cosa irriconoscibile.

B: Sì?

A: Sì. È troppo turistica.

da "*Volare 3*", lezione 8

allegato 2 • livello B1 *testo diviso in unità lessicali*

A: *Firenze* | **è** | *una* | **bellissima** | *città,* | **perlomeno** | *era* | **una** | *bellissima* | **città,** | *perché* | **ci** | *sono* | **tornato** | *due* | **anni** | *fa,* | **è** | *molto* | **cambiata.** | *Attualmente,* | **secondo me** | *è* | **molto** | *più* | **bella** | *Siena* | **che** | *Firenze.* |

B: **È** | *meno* | **invasa** | *dai* | **turisti.** |

A: *Cioè...* | **Sì,** | *meno* | **turistica.** |

B: *Ma* | **Firenze** | *è* | **sempre** | *stata* | **così,** | *no?* |

A: **Ma no!** | *Anni fa,* | **cioè,** | *trovavi* | **alcuni** | *quartieri* | **dove** | *trovavi* | **l'** | *artigiano,* | **l'** | *oste* | **che** | *ti* | **fermava** | *o* | **la** | *persona* | **fiorentina.** | *Adesso,* | **invece,** | *è* | **proprio** | *una* | **cosa** | *irriconoscibile.* |

B: Sì? |
A: *Sì.* | **È** | *troppo* | **turistica.** |

foglio per la squadra A allegato 3 • livello B1

A: Firenze _____ una _____ città, _____ era _____ bellissima _____ perché _____ sono _____ due _____ fa, _____ molto _____ Attualmente, _____ è _____ più _____ Siena _____ Firenze.

B: _____ meno _____ dai _____

A: Cioè... _____ meno _____

B: Ma _____ è _____ stata _____ no?

A: _____ Anni fa, _____ trovavi _____ quartieri _____ trovavi _____ artigiano, _____ oste _____ ti _____ o _____ persona _____ Adesso, _____ è _____ una _____ irriconoscibile.

B: _____

A: Sì. _____ troppo _____

allegato 4 • livello B1 *foglio per la squadra B*

A: Firenze è _____ bellissima _____ perlomeno _____ una _____ città, _____ ci _____ tornato _____ anni _____ è _____ cambiata. _____ secondo me _____ molto _____ bella _____ che _____

B: È _____ invasa _____ turisti.

A: _____ Sì, _____ turistica.

B: _____ Firenze _____ sempre _____ così, _____

A: Ma no! _____ cioè, _____ alcuni _____ dove _____ l' _____ l' _____ che _____ fermava _____ la _____ fiorentina. _____ invece, _____ proprio _____ cosa _____

B: Sì?

A: _____ È _____ turistica.

18 quiz giornalistico

di che si tratta	*gara a squadre sulla comprensione delle notizie del giornale*
	Gli studenti, divisi in gruppi e sottogruppi, leggono articoli diversi tratti dalla medesima pagina di giornale e preparano una serie di domande da porre alla squadra avversaria. Successivamente le squadre gareggiano per dare il maggior numero di risposte corrette.
competenze esercitate e scopi didattici	comprensione scritta
	grammatica
	produzione libera orale
livello	da A2 a C2
durata	circa 45 minuti
materiale	● una pagina di giornale
preparazione	● scegliere la prima pagina di un quotidiano (o un'altra pagina che possa presentare una varietà di notizie)
	● fotocopiarla in formato A3 in numero pari al numero di studenti
	● suddividerla con un pennarello in due parti di lunghezza più o meno equivalente
	● "oscurare" in metà delle fotocopie (magari con una grande "X") la parte superiore della pagina e oscurare la parte inferiore nell'altra metà delle fotocopie, in modo che sia chiaro per gli studenti su quale parte dovranno concentrare la loro attenzione

a. preparazione

svolgimento

1. Formare due squadre (A e B) e disporle su due lati opposti della classe.
2. Chiedere agli studenti di scegliere un nome per la propria squadra.
3. Dire agli studenti che:
   - dovranno preparare un quiz;
   - le domande del quiz verteranno sul contenuto della pagina di giornale che gli verrà consegnata.
4. Suddividere ogni squadra in due gruppi, in posizione il più possibile distanziata l'uno dall'altro.
5. Consegnare a ciascuno studente del primo gruppetto della squadra A la fotocopia con la parte superiore "oscurata" e a quelli del secondo gruppetto, sempre della squadra A, la fotocopia con la parte inferiore "oscurata".
6. Passare ora alla squadra B avendo cura di fare in modo che la distribuzione della fotocopia avvenga all'inverso[1].

b. lettura

1. Dire agli studenti che hanno 4 minuti per leggere la parte non "oscurata", senza usare penna o dizionario.
2. Allo scadere del tempo, chiedere agli studenti di confrontarsi con i compagni del proprio sottogruppo.
3. Dire poi agli studenti che hanno 8 minuti per rileggere il testo, questa volta con la possibilità di usare penna e dizionario.
4. Allo scadere del tempo, chiedere agli studenti di confrontarsi nuovamente sul contenuto del testo, tenendolo capovolto, con i compagni del proprio sottogruppo.
5. Dire agli studenti che hanno 4 minuti per rileggere il testo per l'ultima volta.
6. Allo scadere del tempo, chiedere ad ogni studente di scrivere, individualmente, un elenco[2] di domande, specificando che le domande:
   - dovranno trovare risposta nell'articolo (per esempio non devono fare domande di opinione);
   - saranno destinate agli avversari;
   - chi le propone deve conoscere le risposte.

c. controllo grammaticale

1. Riunire ciascun sottogruppo e annunciare che la squadra perderà un punto se la grammatica di una domanda è sbagliata. Aggiungere poi che in compenso ora avranno del tempo per controllare ed eventualmente correggere la grammatica delle domande.
2. Mentre gli studenti lavorano, istruire gruppo per gruppo su come procedere: devono controllare la prima domanda dello studente A, poi la prima domanda dello studente B, e così di seguito. Finito un giro completo si ripete il tutto con la seconda domanda dello studente A, e poi quella dello studente B, ecc. (questa procedura garantisce che anche lo studente più debole abbia il suo momento di attenzione da parte del gruppo).
3. Quando un gruppo ha finito, annunciare a tutti gli studenti che hanno solo 2 minuti per finire. Al gruppo che ha finito (e agli altri che dovessero finire prima dello scadere dei 2 minuti) dire di scegliere due domande per ciascuno studente fra quelle scritte (quelle che trovano migliori, o non ripetitive)[3].

---

[2] Il gruppetto avversario che riceverà la stessa parte della pagina da leggere non sarà quello di fronte ma quello posto all'altro estremo della parete opposta.
[3] Il motivo per cui non viene specificato il numero delle domande è far sì che nessuno subisca tempi morti: quando lo studente più lento avrà completato la sua prima domanda - cioè il primo momento in cui si può interrompere questa fase - lo studente più rapido può averne scritte 6.
[4] In realtà, una sola domanda basterebbe, ma averne di riserva risolverà problemi contingenti di diverso tipo.

svolgimento

4. Intanto, scrivere alla lavagna:

> **Regolamento del QUIZ**
>
> - grammatica della domanda non corretta: -un punto
>
> - correzione della domanda della squadra avversaria: +un punto
> (tempo massimo: un minuto)
>
> - risposta accettata: +un punto
> (tempo massimo: un minuto)
>
> - uso di lingue diverse dall'italiano durante il quiz = -un punto

5. Quando ogni sottogruppo si dichiara pronto, disporre le squadre lungo le pareti opposte, l'una di fronte all'altra. I sottogruppi all'interno di ciascuna squadra devono posizionarsi quanto più lontano possibile l'uno dall'altro.

6. Chiedere agli studenti di leggere il regolamento, chiarendo che:
- prima di rispondere alla domanda che gli è stata rivolta dovranno decidere se la grammatica è corretta (in caso contrario, hanno a disposizione un minuto di tempo per correggerla e guadagnare un punto);
- sono gli studenti a decidere se accettare le risposte (la correttezza grammaticale non è sotto esame, è l'informazione che conta). Se la risposta è accettata dalla persona che ha posto la domanda, si guadagna un punto. Il tempo a disposizione per soddisfarla è un minuto.

7. Sottolineare che se la domanda riguarda un articolo che non è di competenza dello studente a cui tocca rispondere, quest'ultimo deve alzarsi e andare a chiedere l'informazione ai compagni di squadra che si sono preparati su quella notizia. Si può sempre andare a rileggere, prima di rispondere, ma non si può rispondere leggendo.

gioco

1. Dividere la parte inferiore della lavagna, sotto il regolamento, in due parti e scrivere in ognuna il nome della squadra e il punteggio di 10 (che è più comodo per eventuali sottrazioni di punti).

2. Sorteggiare la squadra che inizia. Si può far girare un pennarello sul pavimento (inizia la squadra verso cui si è fermata la punta del pennarello).

3. Dare inizio al quiz. Il primo studente più vicino alla lavagna fa la sua prima domanda al primo studente dell'altra squadra. Non appena lo studente ha finito di enunciare la domanda rivolgersi a chi dovrà rispondere dicendo: *"Se la grammatica non è corretta hai un minuto per correggerla"* e far partire il cronometro.
Lo studente che deve rispondere chiederà di ripetere la domanda tutte le volte che ritiene opportuno e consulterà i compagni. Allo scadere del minuto dichiarare il verdetto, togliere un punto se la grammatica è sbagliata e dare un punto nel caso che l'altra squadra abbia corretto in modo completo la domanda.

svolgimento

A questo punto la domanda viene ripetuta da chi l'ha fatta (in forma corretta naturalmente). Il cronometro parte di nuovo e l'altro studente proverà a rispondere entro un minuto consultandosi con la propria squadra.

È vietato alzare la voce e quindi dovrà alzarsi per andare dai compagni "esperti" di quell'argomento per consultarli. Ad ogni risposta tentata chiedere a chi ha fatto la domanda: *"Accetti?"* e se dice: *"No"* comunicare a chi deve rispondere quanti secondi rimangono per tentare altre risposte. Se invece lo studente che ha posto la domanda dice: *"Sì"* assegnare un punto. Se alla fine del minuto nessuna delle risposte è stata accettata chiedere a chi ha fatto la domanda di dichiarare la risposta.

A questo punto chi ha risposto farà la sua domanda al secondo della squadra avversaria e così via, secondo lo schema sottostante.

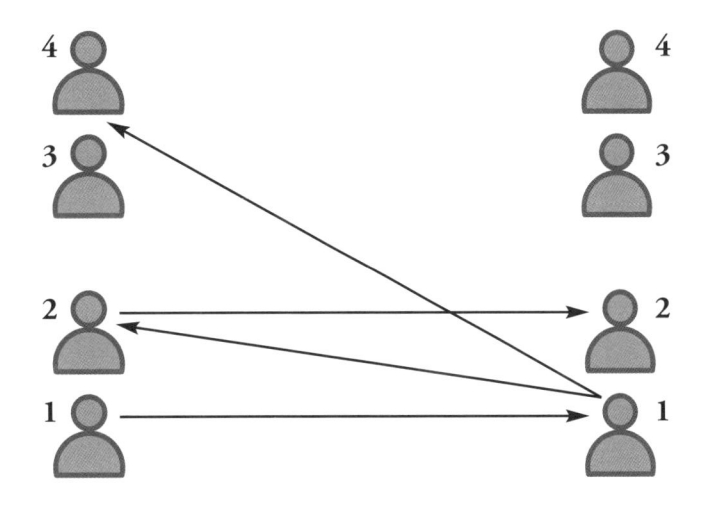

Il gioco finirà quando saranno esaurite tutte le domande preparate.
Vince la squadra con più punti.

perché fare questa attività?

È un modo diverso per leggere il giornale, più interessante, più movimentato.

Avere una motivazione finale, il quiz, e tempi da rispettare per la lettura spinge ad una maggiore efficacia della lettura stessa.

Negoziare per la suddivisione delle competenze nella propria squadra e interagire con l'altra squadra mette in campo una moltitudine di abilità linguistiche, obbligando lo studente a parlare sempre in italiano, pena la diminuzione di punteggio.

Spostarsi fisicamente per andare a cercare l'informazione che darà un punto alla propria squadra valorizza la ricerca dello studente, ciò che apprenderà e dovrà riferire come risposta.

Accorgersi di un errore e riuscire a correggerlo fa guadagnare punti: riflettere sulla correttezza grammaticale della lingua studiata diventa una sfida.

19 scene da un matrimonio

di che si tratta	*creazione di un testo teatrale partendo da un testo scritto e messa in scena* Gli studenti, in coppie, trasformano un testo scritto in un testo teatrale.
competenze esercitate e scopi didattici	comprensione scritta lessico
livello	da A2 a C2 (allegato fornito per il livello B2)
durata	circa 6 ore articolate in fasi di diversa durata[1]
materiale	• un testo • un mazzo di carte francesi
preparazione	• scegliere un testo all'interno del quale siano presenti, anche in modo non contiguo, due brani che espongono punti di vista diversi di due personaggi coinvolti nella stessa situazione[2] • preparare 2 fogli (uno per ogni brano) che chiameremo d'ora in poi "testo A" e "testo B" (vedi l'esempio nell'allegato 1) • fotocopiare i due testi in quantità pari al numero di studenti • fotocopiare l'allegato 2 in quantità pari al numero di studenti

---

[1] I tempi sono indicativi. L'attività può essere interrotta alla fine di ciascuna fase.
[2] Nell'esempio fornito i due punti di vista (del marito e della moglie) sono già presentati separatamente. In altri casi - letterari, di cronaca, ecc. - spetta all'insegnante trovare il punto in cui dividere il testo in due parti.

a. lettura del testo (un'ora)   *svolgimento*

1. Distribuire il testo A, capovolto, ad una metà della classe e il testo B, capovolto, all'altra metà[3].
2. Dire agli studenti che devono girare il foglio e leggere il testo in un tempo limitato[4].
3. Allo scadere del tempo mettere in coppia gli studenti che hanno lo stesso testo e chiedere di riferire quello che hanno capito[5], tenendo il testo capovolto.
4. Ripetere il punto 2
5. Ripetere il punto 3.
6. Ripetere il punto 2.
7. Formare nuove coppie e ripetere il punto 3.
8. Dire agli studenti che devono rileggere il testo in un tempo limitato e sottolineare 6 parole che non conoscono e che sono, secondo loro, utili per la comprensione.
9. Allo scadere del tempo dire agli studenti di cercare sul dizionario le parole che hanno sottolineato.
10. Ripetere il punto 2.
11. Formare nuove coppie composte da uno studente con il testo A ed uno studente con il testo B e chiedergli di riferire quello che hanno capito, tenendo il testo capovolto.
12. Chiedere ai componenti di ogni coppia di scambiarsi i testi (ognuno legge quello del compagno).

b. caratterizzazione dei personaggi (30 minuti)

1. Dare una scheda (vedi allegato 2) ad ogni studente.
2. Chiedere ad ogni coppia (le stesse che hanno concluso il lavoro della fase precedente), di confrontarsi e compilare le schede relative ai due personaggi.

c. scrittura del testo (2 ore)

1. (20 minuti) Le coppie (in piedi, ciascuna occupando una zona dell'aula) dovranno decidere insieme - sperimentando fisicamente nello spazio le varie possibilità - chi dei due personaggi prende la decisione di chiarirsi con l'altro, dove, come e quando.
2. (1 ora 30 min) Disporre poi i componenti delle coppie fianco a fianco e annunciare che dovranno, in base alle scelte fatte, scrivere un testo teatrale (cioè il dialogo che avviene tra le due persone, indicando accanto alle battute anche che cosa fanno le persone mentre parlano e come parlano)[6]. Annunciare che il testo finale, che deve durare un minimo di 3 minuti sulla scena, sarà rappresentato da un'altra coppia.
3. A lavoro iniziato, interrompere l'attività e annunciare agli studenti un "problema": cioè che nella successiva lezione potrebbe presentarsi qualcuno che è assente oggi e che quindi già da adesso devono inventare un terzo personaggio con un ruolo minore, non indispensabile.
4. Alla fine raccogliere i testi e, per la lezione successiva, farne 3 fotocopie di ognuno.

---

[3] L'insegnante ha la possibilità di decidere se avvertire fin dall'inizio che i testi sono diversi o scegliere di farlo scoprire agli studenti al punto 11. Questa seconda scelta ha il vantaggio della sorpresa – situazione emotiva che riattiva la curiosità sia verso il testo di cui parla il compagno, sia verso il proprio testo da "far scoprire" a chi non lo conosce.
[4] Per l'esempio in allegato dare due minuti e mezzo di tempo.
[5] È consigliabile mettere i componenti della coppia faccia a faccia: guardarsi negli occhi incide favorevolmente sull'impegno relativo alla quantità delle informazioni scambiate e alla qualità di ciò che si dice e rafforza la complicità offrendo minori opportunità di distrazione. In aule con banchi, la metà della classe girerà di 180° la propria sedia per formare una coppia con la persona seduta alle proprie spalle.
[6] Ogni coppia ha a disposizione i due testi originali (A e B).

svolgimento

revisione del testo (un'ora e mezza)

1. Dare ad ogni studente una copia del testo che ha elaborato precedentemente in coppia.
2. Formare nuove coppie.
3. Ritirare uno dei testi e dire agli studenti che hanno 30 minuti per migliorare l'altro.
4. Dichiarare di essere a disposizione per qualsiasi dubbio linguistico[7].
5. Allo scadere del tempo far fare lo stesso lavoro sull'altro testo.
6. Riformare poi le coppie di autori dello stesso testo. Ognuno ha in mano una copia del medesimo, frutto di differenti revisioni. Distribuire le rimanenti fotocopie e dire agli studenti che devono decidere quali delle modifiche li convincono e devono copiarle sulla propria copia pulita del testo.
7. Assegnare come compito a casa la riscrittura in bella copia.

le prove (un'ora)

1. Ogni coppia ha un testo uguale su due fogli diversi e li deve passare ad un'altra coppia di studenti.
2. Dopo aver ricordato che ci saranno alcune coppie estratte a caso che rappresenteranno il proprio pezzo davanti alla classe, dire agli studenti che hanno un'ora di tempo per provare insieme.

si va in scena! (30 minuti)

1. Stabilire quante coppie reciteranno.
2. Dividere il mazzo di carte in due mazzetti in modo che in ciascuno ci siano carte di uno stesso segno rosso (cuori o quadri) e carte di uno stesso segno nero (fiori o picche) in numero equivalente al numero delle coppie che reciteranno.
3. Consegnare ad ogni coppia una carta estratta da uno dei mazzetti[8].
4. Estrarre la prima carta dal proprio mazzetto e indicare la prima coppia che andrà in scena[9].
5. Passare poi alla seconda coppia e così via.

varianti

1. Il dialogo che gli studenti devono creare, invece di svolgersi fra i personaggi presenti nel testo letto, potrebbe avvenire tra i loro parenti o amici, ecc. Per esempio, relativamente al dialogo relativo al testo in allegato, invece di svolgersi fra i componenti della coppia, potrebbe avvenire tra i nipoti della coppia stessa. Questi ultimi, avendo sentito diverse discussioni tra i loro genitori sulla situazione, sono preoccupati in quanto vogliono molto bene agli zii. Ognuno dei due ragazzi, però, ha il compito di difendere uno dei due zii. Questa variante è particolarmente adatta a studenti adolescenti.
2. Se si ritiene importante che tutti gli studenti presentino il loro lavoro recitando, per evitare l'insorgere della noia, si può decidere fin dalla seconda fase di assegnare a diverse coppie le diverse situazioni.
   Nel caso dell'esempio in allegato alcune coppie saranno il marito e la moglie che discutono, altre saranno due amici della coppia che si confrontano, altri ancora saranno i figli degli amici che si accapigliano!

---

[7] Mentre gli studenti revisionano il testo è meglio non passeggiare tra i banchi: la fiducia dell'insegnante produce negli studenti fiducia in se stessi.
[8] L'insegnante avrà in mano l'altro mazzetto.
[9] Ad ogni carta corrisponde lo stesso numero nel segno dello stesso colore (per esempio, se l'insegnante estrae il due di fiori sarà selezionata la coppia che ha ricevuto il due di picche).

allegato 1 • livello B2 — amore & lavoro

TESTO A

Io le ho provate tutte, ma comincio a temere il peggio. Il mio compagno diventa ogni giorno più distante. Lui lo nega, ma so che ce l'ha con me, si sente tradito e deluso da quando ho accettato un nuovo lavoro molto più impegnativo di quello che avevo prima. D'altra parte non potevo rifiutare un'offerta tanto lusinghiera e importante che mi trasformava di colpo da semplice impiegata a responsabile di un'agenzia. Ho accettato con entusiasmo immaginando, ingenuamente forse, che lui sarebbe stato felice come me di quell'importante riconoscimento che mi veniva attribuito. Ma ha fatto mille obiezioni. "Chi te lo fa fare?" mi diceva, con un insopportabile tono rinunciatario. Oppure: "Non ti manca niente, perché dovresti impegnarti così tanto?". Ho pensato che fossero obiezioni formali e che non pensasse davvero che avrei potuto rifiutare un'offerta simile. Ho cominciato il mio lavoro e ho avuto subito un'affermazione che ha superato le migliori previsioni. Per consentirgli di partecipare al mio successo, ogni sera, quando torno a casa, gli racconto nei minimi particolari quello che faccio, chi vedo, le decisioni che prendo. Lui mi ascolta con grande interesse e a volte mi dà consigli e suggerimenti. Credo che questa sia la strada giusta per riconciliarlo con il mio lavoro e così anche quando sono stanca sfinita gli parlo per ore, di ogni dettaglio. Se proprio dovessi esprimere un desiderio, mi piacerebbe che la sera lui (che fa un lavoro d'ufficio poco impegnativo) mi facesse trovare tutto pronto e che mi raccontasse cose amene per distrarmi o che mi proponesse di andare al cinema o di vedere gli amici. Ma credo che non sia nemmeno sfiorato dall'idea di dovermi qualcosa, al contrario, nonostante tutti i miei sforzi, ha sempre il muso e si addormenta davanti alla tivù come se a sfacchinare per tutta la giornata fosse stato lui.

TESTO B

Ho sposato una ragazza normale e mi ritrovo con una donna montata e fanatica. Da quando le hanno affidato la direzione di un'agenzia di viaggi mia moglie ha letteralmente perso la testa. Non solo lavora più ore del dovuto ma non riesce a smettere nemmeno la sera quando torna a casa. Invece di domandarmi come sto, cosa ho fatto durante il giorno, che cosa mi piacerebbe fare la sera, lei letteralmente mi "alluviona" di discorsi sull'agenzia. Quanti "pacchetti" ha venduto, quante mete esotiche ha consigliato e piazzato, quali clienti importanti ha portato via alla concorrenza. Non riesce a parlare d'altro. Per un po' ho pensato che fosse una reazione giustificata dalla novità: si trovava di colpo ad avere un impegno così gravoso e aveva bisogno di scaricarsi con me. Ma più passa il tempo, più aumenta questa sua specie di febbre monomaniacale. Ogni sera spero che mi permetta di dire qualcosa di me, che si accorga di avere di fronte un essere pensante, che si ricordi che un uomo e una donna, a volte, fanno anche l'amore. E ogni sera constato, prima deluso, poi via via più infuriato, che lei è totalmente posseduta dalla sua smania di successo. A volte ho pensato di dirle tutto quello che penso di lei e della sua agenzia. Ma so già che lei penserebbe che sono uno di quei mariti maschilisti, geloso dei successi della propria compagna. Ho provato a farmi un severo esame di coscienza, a domandarmi se davvero io non mi senta umiliato dal fatto che lei ha avuto più fortuna di me e guadagna cinque volte quello che porto a casa io. Intendiamoci, non che la cosa mi gratifichi, ma da questo all'invidia ne corre. Se lei fosse meno chiusa nel suo esaltato narcisismo, forse ci sarebbe anche il modo di spiegarle che io la amo e che ho bisogno di lei. Ma è lei che non ha più bisogno di nessuno. Ed è questo che mi rende ogni sera più tetro e ombroso.

scheda del personaggio — allegato 2

Caratteristiche fisiche

Altezza: _____

Tipo fisico: _____
_____
_____

Postura: _____
_____

Modo di camminare: _____
_____

Caratteristiche psicologiche

_____
_____
_____
_____
_____
_____
_____
_____
_____

Abbigliamento

_____
_____
_____
_____
_____
_____
_____
_____
_____

20 taglia e cuci

di che si tratta	gara a squadre per ricostruire un testo orale o scritto Gli studenti, divisi in squadre, gareggiano per ricostruire alla lavagna un testo "frammentato".
competenze esercitate e scopi didattici	riflessione metalinguistica
livello	tutti: da A1 a C2
durata	circa 45 minuti
materiale	• un testo • carta e penna • forbici • nastro adesivo • due buste
preparazione del testo	• scegliere un estratto in prosa • suddividerlo in parti, formate da singole parole o gruppi di parole: la scelta dipenderà dal grado di difficoltà che si vuole ottenere e dal livello di competenza degli studenti • decidere quali parti lasciare visibili agli studenti (parti che d'ora in avanti chiameremo "appigli"), perché particolarmente utili a orientarli (si consiglia di dare sempre la prima e l'ultima parola) Ecco di seguito un esempio di quanto detto: l'estratto è l'inizio di una lettera, proponibile a studenti di livello B1; le parti in **grassetto** sono gli appigli.

> / ***Cara Vittoria,*** /
> ti / **avevo** / promesso / che / ti / avrei / scritto **non appena** / fossi / riuscita / a sapere / qualcosa / **su Luigi,** / per cui / eccomi **pronta** / a / mantenere / la / promessa / **e a** / darti / tutte / le / notizie / che / **ho** / potuto / raccogliere / su / di lui, / sempre che / **tu** / non abbia / cambiato / idea / a questo / proposito. / Siccome / **Luigi** / è / una persona / estremamente / riservata, / il mio **compito** / non / è / stato / per niente / **facile.** /

- trascrivere l'intero estratto con un carattere grande[1] (minimo 72 punti per il font *Times New Roman* in Microsoft Word) e fotocopiarlo
- ritagliare il testo in tessere che corrispondono alle suddivisioni operate precedentemente. Le tessere devono includere la punteggiatura indicata e l'eventuale uso di maiuscole e minuscole
- mettere gli appigli in una busta e il resto delle tessere in un'altra busta
- decidere cosa dire per presentare alla classe il contesto di riferimento, evitando di ripetere le parole contenute nel testo e dando solo le informazioni essenziali a entrare nell'atmosfera

---

[1] Attaccato alla lavagna, dovrà essere letto da chi si trova in fondo alla classe.

preparazione della lavagna

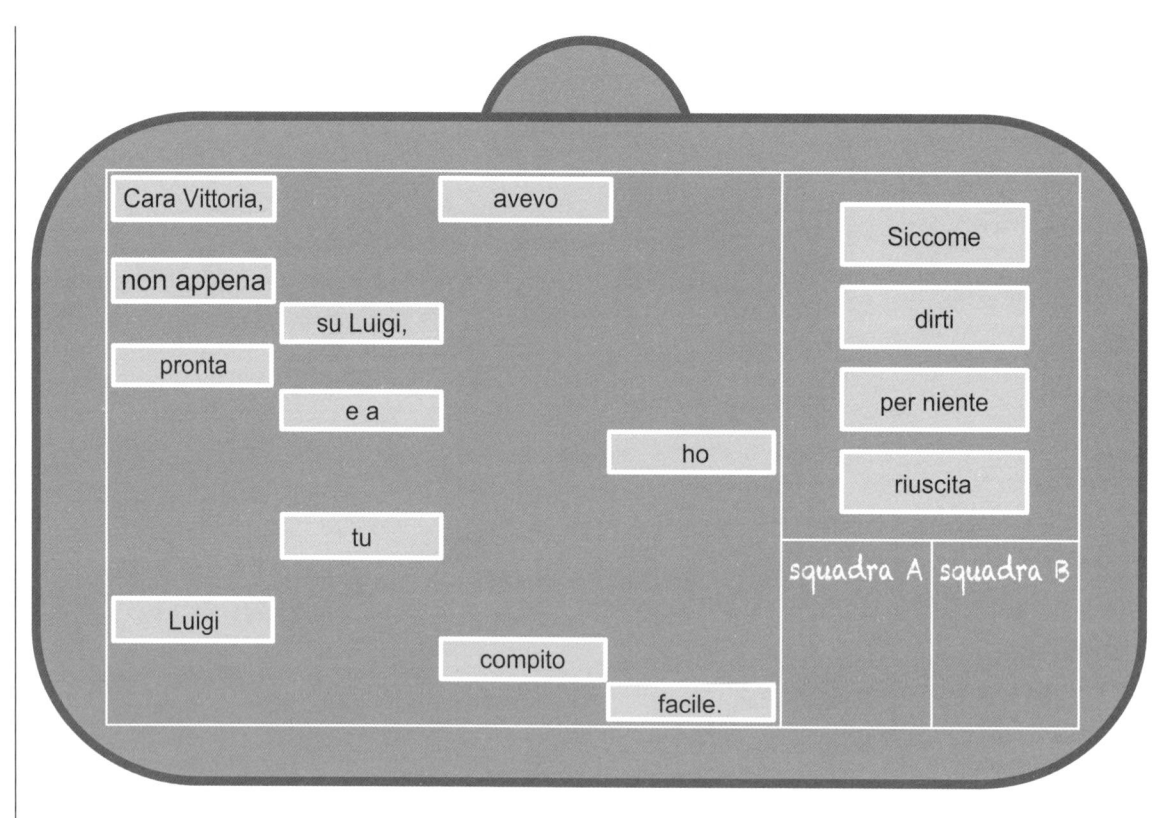

```
Cara Vittoria,        avevo                    Siccome

non appena                                     dirti

        su Luigi,                              per niente
    pronta
        e a                                    riuscita
                        ho
                                          squadra A | squadra B
        tu

Luigi
                    compito
                        facile.
```

- prima di far cominciare il gioco organizzare la lavagna come nel disegno. La parte sinistra è destinata al testo e la parte destra all'organizzazione del gioco. La parte destra della lavagna è suddivisa in due: la parte inferiore servirà per registrare il punteggio delle squadre; la parte superiore è "l'area di transito" (in cui alcune delle tessere sosteranno provvisoriamente prima di essere collocate nel testo)
- collocare gli appigli nella parte sinistra in corrispondenza della loro posizione nel testo e mettere nell'area di transito altre 3 o 4 tessere qualsiasi
- una volta preparata la lavagna, posizionare in fondo alla classe la busta contenente il resto delle tessere

svolgimento

attività di drammatizzazione b

1. Creare le squadre: fino a un totale di 16 studenti si consiglia di creare 2 squadre; con più di 16 studenti, tre squadre funzionano meglio.
2. Chiedere ad ogni squadra di scegliere un nome e scriverlo alla lavagna, in basso a destra.
3. Disporre i componenti di ogni squadra in semicerchio di fronte alla lavagna, in modo che tutti abbiano la stessa visuale e collocare la busta con le tessere, su un punto di appoggio in posizione opposta alla lavagna, dietro agli studenti[2].

[2]In una classe con banchi biposto, si consiglia di dire agli studenti di prendere soltanto le loro sedie e di metterle accanto alla lavagna. Successivamente si spingono i banchi di qualche metro indietro e si colloca la busta con le tessere al centro dell'aula. Anche nel caso in cui ci dovesse essere una cattedra su pedana fissa, l'importante è che gli studenti vedano la lavagna.

svolgimento

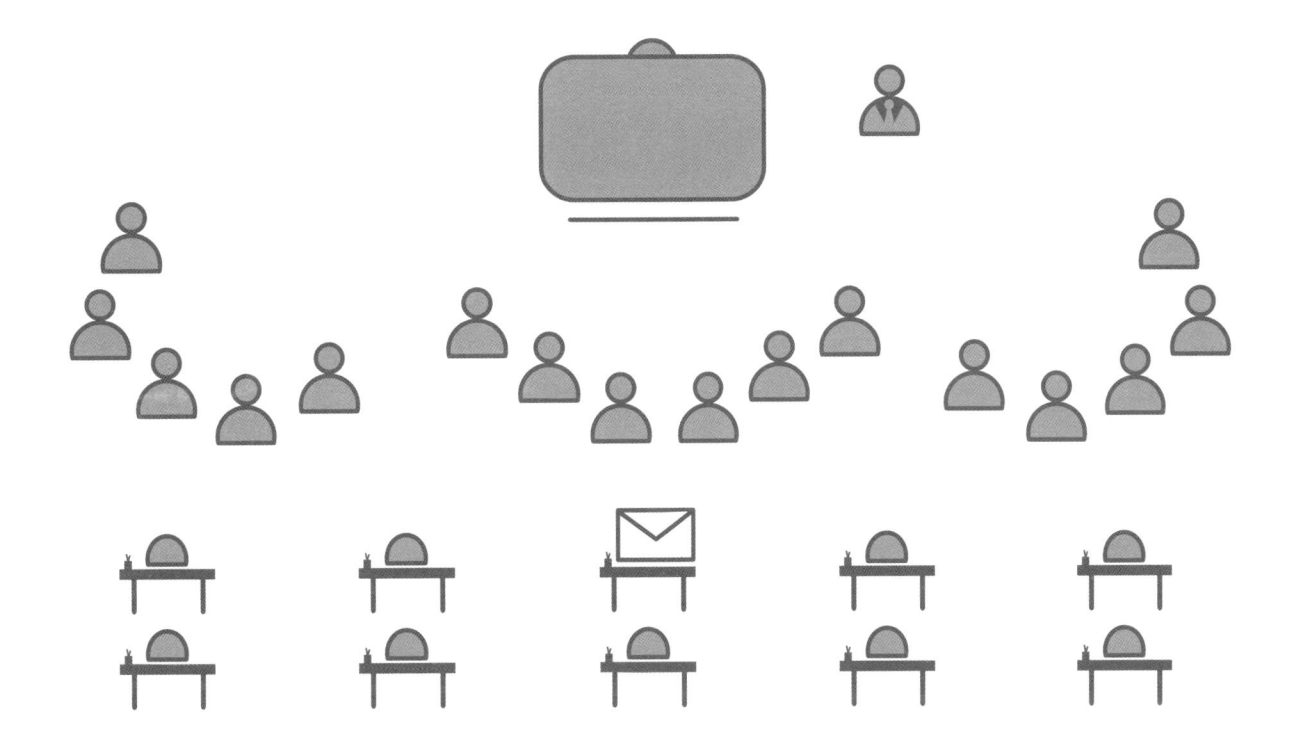

4. Mostrare la lavagna e dichiarare che l'obiettivo del gioco è ricostruire un testo.
5. Presentare il contesto di riferimento.
6. Spiegare le regole del gioco:
   - si può parlare solo in italiano, altrimenti si perde un punto;
   - gli studenti lavorano uno per volta e una squadra alla volta. Il primo studente della prima squadra si deve alzare, andare in fondo all'aula ed estrarre dalla busta una tessera. In alternativa può staccare dalla lavagna una delle tessere nell'area di transito. Poi deve tornare di fronte a tutte le squadre e leggere ad alta voce il contenuto della tessera. A questo punto, torna dalla propria squadra per consultarsi e decidere dove collocare la tessera. Va quindi alla lavagna e attacca la tessera nella posizione stabilita con il nastro adesivo. Per fare tutto questo avrà 45 secondi. (Il tempo parte nel momento in cui viene assegnato o meno il punto a una squadra.);
   - gli studenti non possono comunicare con la loro squadra dalla lavagna, altrimenti perdono un punto;
   - una volta che uno studente pesca dalla busta non può più decidere di usare una delle tessere dell'area di transito; se prende una tessera dall'area di transito non può sostituirla con una della busta.
7. Spiegare l'assegnazione del punteggio: il giocatore ha due possibilità per posizionare la tessera:
   a) dichiara che la tessera è "tra" due tessere già presenti.

   Esempio: ***"per niente"*** è tra ***"compito"*** e ***"facile"***

   Se è giusto la squadra prende un punto. Altrimenti non prende nessun punto e l'insegnante mette la tessera nell'area di transito.

   b) dichiara che la tessera è "subito prima" o "subito dopo" un'altra tessera già presente alla lavagna.

   Esempio: ***"per niente"*** è subito prima di ***"facile"***

svolgimento

Se è giusto la squadra prende due punti. Altrimenti non prende nessun punto e l'insegnante mette la tessera nell'area di transito[3].

8. Quando tutto il testo è stato ricostruito, fare il conteggio dei punti: vince la squadra che ha ottenuto il punteggio più alto.
9. Chiedere agli studenti di ricopiare il testo sul quaderno.
10. Rispondere ad eventuali domande su forma e contenuto.

variante 1: uso di un breve dialogo

Al posto di un estratto in prosa, si può scegliere di utilizzare un breve dialogo o l'estratto di un dialogo più lungo, tratto, ad esempio, da un brano audio registrato.
Per quanto riguarda la preparazione della trascrizione procedere come per la preparazione di un brano in prosa. Di seguito riportiamo un esempio di un dialogo utilizzabile a livello A1: in **neretto** gli appigli.

Turista: / **Buongiorno**. /
Impiegata ufficio turistico: / *Buongiorno.* / *Mi dica.* /
Turista: / *Mi* / *scusi,* / **vorrei** / *un'* / *informazione.* / *Sono* / *appena arrivato* / *a* / *Roma.* /
Impiegata ufficio turistico: / *Sì.* /
Turista: / *E* / *volevo* **chiedere** / *se ci sono* / *delle* / *pubblicazioni,* / *dei* / *giornali* / **che parlano** / *degli* / *spettacoli…* /
Impiegata ufficio turistico: / *Sì.* /
Turista: / **…a** / *Roma.* /
Impiegata ufficio turistico: / *Sì, sì, sì.* / **Ho** / *capito.* /

Per quanto riguarda la preparazione della lavagna bisognerà fare attenzione a indicare il numero delle battute e gli interlocutori.
Esempio:

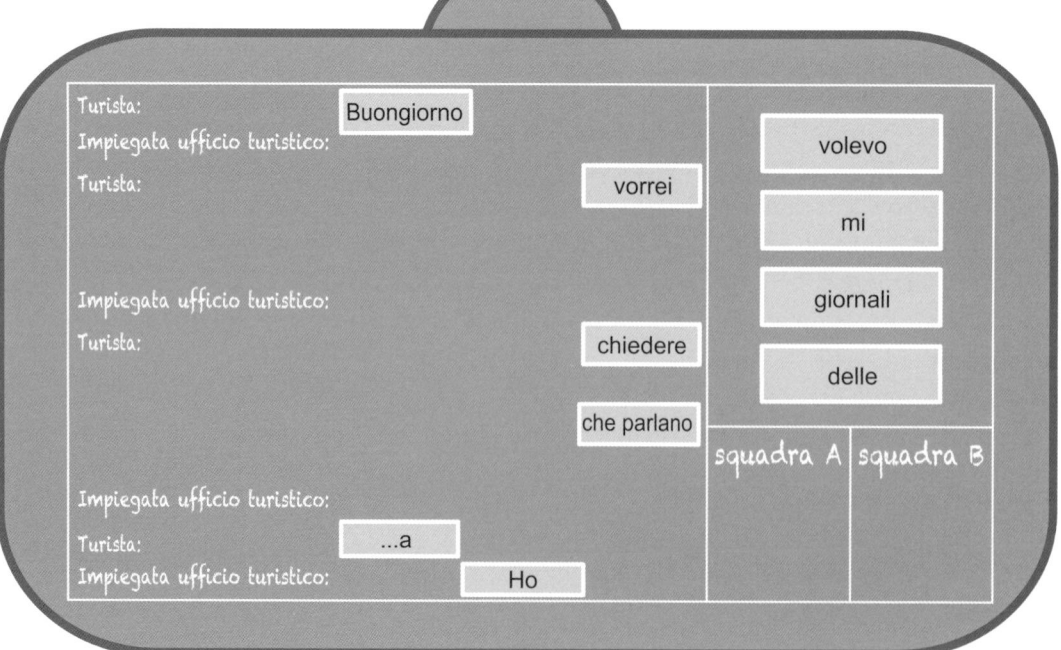

---

[3] Nel caso in cui il giocatore dichiari che la tessera è genericamente "tra" altre due tessere, ma che in realtà sia "subito prima" o "subito dopo" una delle due tessere di riferimento, assegnare un solo punto e avvicinare le tessere.

svolgimento

Per quanto riguarda l'assegnazione del punteggio il giocatore ha tre possibilità:
a) dichiara che la tessera è all'interno di una determinata battuta, "prima" o "dopo" un'altra tessera già presente alla lavagna
   Esempio: ***"informazione"*** è dopo ***"vorrei"*** in questa battuta. Se è giusto la squadra prende un punto. Altrimenti non prende nessun punto e l'insegnante mette la tessera nell'area di transito;
b) dichiara che la tessera è "subito prima" o "subito dopo" un'altra tessera già presente alla lavagna
   Esempio: ***"informazione"*** è subito dopo ***"vorrei"*** in questa battuta.
   Se è giusto la squadra prende due punti. Altrimenti zero e l'insegnante mette la tessera nell'area di transito;
c) dichiara che la tessera è la prima o l'ultima di una battuta. Se è giusto la squadra prende due punti. Altrimenti non prende nessun punto e l'insegnante mette la tessera nell'area di transito.
   Appena una battuta è completa chiuderla graficamente con una linea verticale, come nell'esempio.
   Esempio: *Impiegata ufficio turistico*: Buongiorno, mi dica. |

variante 2: i bilingue o i madrelingua italiana

Molti insegnanti hanno delle classi miste in cui, oltre a studenti stranieri, hanno studenti bilingue o madrelingua a cui non sempre si riesce a dare un ruolo adeguato, soprattutto quando si sperimentano giochi di riflessione sulla lingua.
Con la variante che proponiamo qui si è tentato di dar loro un ruolo che mantenesse comunque alta la loro attenzione e che contemporaneamente li valorizzasse a vantaggio di tutti.
La differenza principale è data dall'introduzione dei Jolly.
Inoltre, nella sistemazione dello spazio, le squadre si dispongono a distanza maggiore dalla lavagna, in modo da creare uno spazio intermedio in cui collocare un ulteriore semicerchio di sedie con lo schienale rivolto alle altre squadre. Su queste sedie siedono i madrelingua (o bilingue) che da questo momento chiameremo gruppo degli "esperti".

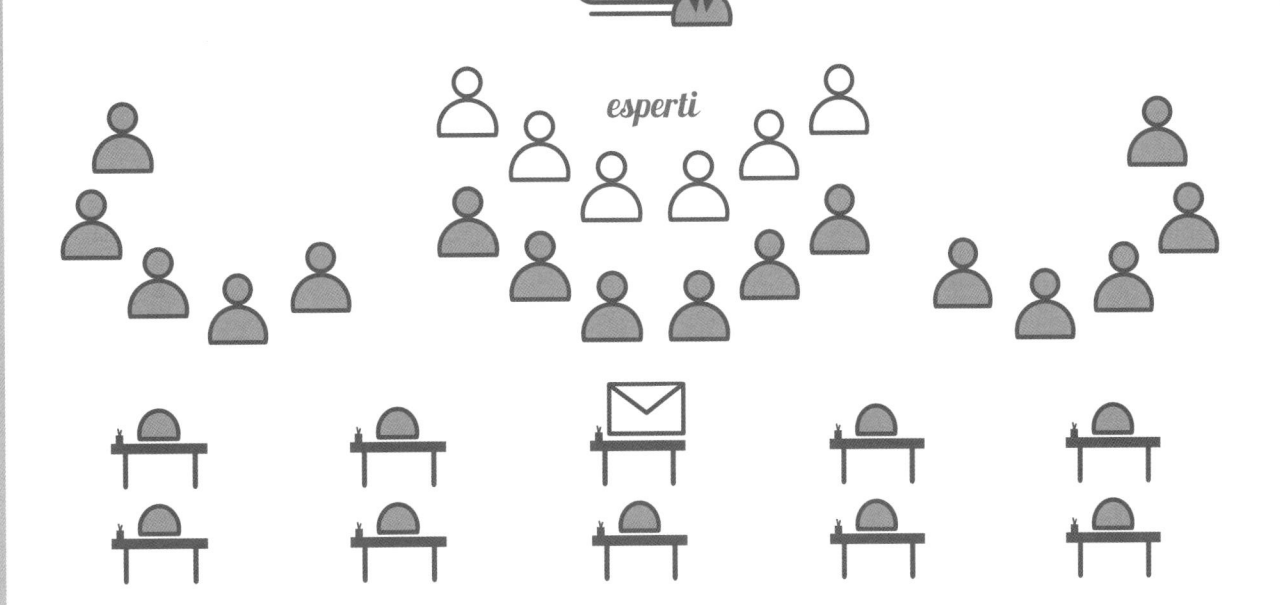

svolgimento

1. Abbinare ad ogni esperto un colore, segnalato con un cartellino colorato attaccato alla sedia, ben visibile alle squadre degli altri studenti.
2. Contemporaneamente, consegnare ad ogni squadra un numero di cartellini colorati equivalente a quello degli esperti: questi cartellini sono dei Jolly.
3. Spiegare il funzionamento del gioco:
   Il giocatore di turno, dopo essersi consultato con la propria squadra, può decidere di giocare un Jolly, cioè può affidare a uno degli esperti la responsabilità di scegliere la posizione della tessera: per far questo deve alzare un cartellino colorato e chiamare il colore.
   L'esperto corrispondente al colore del cartellino, a partire dal momento in cui viene convocato, ha a disposizione altri 30 secondi per fare la sua scelta.
   L'attribuzione del punteggio segue le regole esposte in precedenza.

consigli per una migliore riuscita del gioco

Il ruolo dell'insegnante
L'insegnante deve occuparsi della "sistemazione" progressiva del testo alla lavagna.
Facciamo due esempi concreti.

Esempio 1:
Lo studente pesca **"*avevo*"** e dichiara dopo la consultazione: *Subito prima di* **"*promesso*"** e attacca la parola sulla lavagna.
Testo visibile alla lavagna:

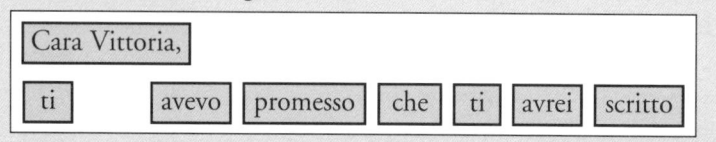

Cara Vittoria,						
ti	avevo	promesso	che	ti	avrei	scritto

L'insegnante assegna i due punti e avvicina le parole **"*ti*"** e **"*avevo*"**

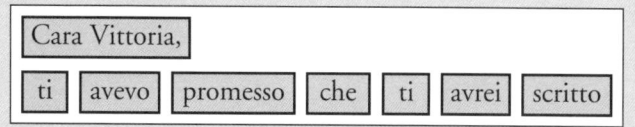

Cara Vittoria,						
ti	avevo	promesso	che	ti	avrei	scritto

Esempio 2:
Lo studente pesca **"*fossi*"** e dice: *Subito prima di* **"*riuscita*"** e attacca la parola sulla lavagna.
Testo visibile alla lavagna:

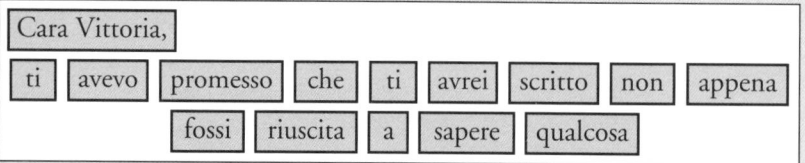

Cara Vittoria,								
ti	avevo	promesso	che	ti	avrei	scritto	non	appena
		fossi	riuscita	a	sapere	qualcosa		

L'insegnante assegna i due punti e avvicina le parole al bordo della lavagna in modo che sia chiaro che non ci sono spazi tra **"*appena*"** e **"*fossi*"**

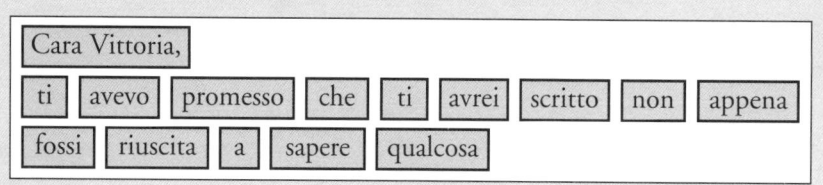

Cara Vittoria,								
ti	avevo	promesso	che	ti	avrei	scritto	non	appena
fossi	riuscita	a	sapere	qualcosa				

svolgimento

Gli aiuti
Può capitare che l'attività sia stata tarata per un determinato livello e che poi risulti essere troppo difficile. Probabilmente sarà evidente già dopo i primi dieci minuti di gioco, dal punteggio molto basso che hanno le due squadre. Il grado di frustrazione degli studenti rischia di salire eccessivamente e di inficiare la buona riuscita del gioco. Una strategia efficace consiste nella decisione di fare degli ulteriori "regali". È bene darli mirati, scegliendo cioè quelle parole che, nel momento in cui vengono inserite, rilanciano la riflessione degli studenti aiutandoli ad orientarsi. Si consiglia anche di fare "i regali" a intervalli regolari e non sempre alla fine del turno di una stessa squadra.

I materiali
Nella migliore delle ipotesi saranno a disposizione una plastificatrice, un sacchetto di stoffa colorata per mettere dentro le tessere e del *multitack* (si compra in cartoleria) per attaccare le parti del testo alla lavagna. Ma il gioco è stato sperimentato anche in classi con a disposizione nient'altro che carta, penna, lavagna e gesso: in questo caso lo studente estrae il pezzetto di carta e lo trascrive alla lavagna. Se non va bene, l'insegnante lo cancella e lo scrive nell'area di transito.

L'età, il livello e le nazionalità
Il gioco è stato sperimentato con studenti di tutte le età (il nostro studente più anziano aveva 79 anni!), di tutte le nazionalità e a partire da 40 ore di studio. Ha funzionato allo stesso modo in tutte le sperimentazioni. Naturalmente, a livelli di competenza minore, corrisponderà un tipo di riflessione differente, mirata a strutture più semplici e significati globali.

Per concludere
Fatelo, sperimentatelo, provatelo: viene sempre meglio!

21 vuota il sacco

di che si tratta	*caccia al tesoro a squadre*
	Gli studenti, in coppie, partecipano ad una caccia al tesoro e successivamente parlano di ciascun oggetto trovato.
competenze esercitate e scopi didattici	produzione libera orale
livello	da A2 a B2
durata	da una a due ore in base al livello degli studenti
materiale	• musica rilassante
	• un sacco di iuta o una grande borsa
	• oggetti di vario tipo (soprammobili, gioielli, utensili della cucina, giocattoli, ecc.)
	• un sacchetto o una bustina
preparazione	• scegliere dalla scheda degli indovinelli (allegato 1) un buon numero di "nascondigli" (all'incirca il doppio del numero degli studenti)
	• ritagliare i rispettivi indovinelli[1]
	• procurarsi un oggetto adatto[2] per ogni "nascondiglio"
	• contrassegnare ogni oggetto con un fiocco rosso e sistemarlo nel luogo indicato dal "nascondiglio" (dentro e fuori della classe)
	• ripiegare i biglietti con gli indovinelli e metterli nel sacchetto o nella busta

---

[1] Volendo l'insegnante può creare ulteriori indovinelli e nascondigli.
[2] Più gli oggetti sono estranei all'ambiente della scuola meglio funzionerà l'attività. A questo scopo l'insegnante può portare oggetti da casa (per esempio soprammobili, gioielli, utensili della cucina, giocattoli, ecc.).

a. caccia al tesoro — svolgimento

1. Far alzare in piedi gli studenti e formare delle coppie (con un gruppo di tre se gli studenti sono dispari).
2. Comunicare agli studenti che:
   - faranno una caccia al tesoro;
   - dovranno trovare degli oggetti;
   - per trovare il nascondiglio di ogni oggetto, dovranno risolvere un indovinello.
3. Invitare uno studente per coppia (studente A) a pescare un biglietto dal sacchetto.
4. Dire poi agli studenti che:
   - dovranno collaborare per risolvere gli indovinelli e per cercare gli oggetti in classe o nel resto della scuola;
   - in questa fase potranno usare il dizionario;
   - l'insegnante è a loro disposizione per eventuali chiarimenti;
   - quando una coppia ha trovato il primo oggetto può metterlo nel sacco[3] e l'altro studente (studente B) può pescare il secondo biglietto dal sacchetto per risolvere un altro indovinello, e così via per tutte le altre coppie fino all'esaurimento degli indovinelli (il numero degli indovinelli e degli oggetti deve essere uguale al numero degli studenti).
5. Dare il via.
6. Le coppie che concludono la ricerca per prime vanno ad aiutare i compagni ancora impegnati nella risoluzione degli indovinelli.

b. produzione libera orale

modalità A
1. Quando la caccia al tesoro si è conclusa e tutti gli oggetti sono nel sacco, mettere della musica rilassante come sottofondo.
2. Mettere il sacco lontano dagli studenti ma in posizione centrale, per terra o su una sedia.
3. Disporre le coppie faccia a faccia in semicerchio, uno studente ha le spalle rivolte verso l'interno del semicerchio, l'altro verso l'esterno.
4. Invitare tutti gli studenti seduti all'interno ad alzarsi (vedi disegno 1) ad andare verso il sacco, e a estrarre, senza guardare, un oggetto ciascuno. Ogni studente "pescatore" torna al suo posto con l'oggetto che ha scelto. A questo punto, dare il via, dicendo: *"Dovete parlare il più possibile di questo oggetto: descrizione, racconto di episodi personali, ricordi, film, canzoni, ecc.. Via!"*.

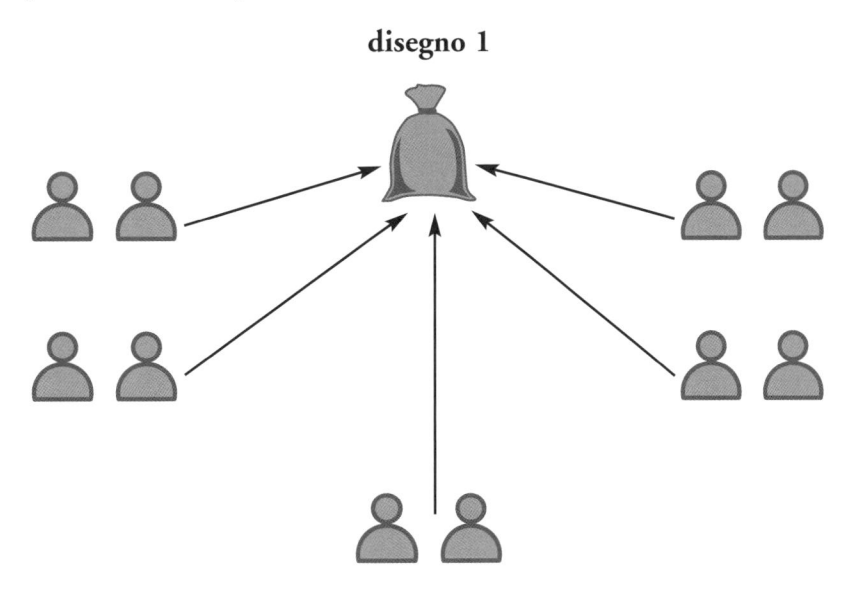

disegno 1

[3]Per garantire "l'effetto sorpresa" nella fase successiva è importante che gli studenti non vedano gli oggetti trovati dagli avversari.

svolgimento

5. Quando una coppia termina (cioè non parla più o parla d'altro) dire ad alta voce: *"Stop! Cambio!"*, far alzare gli studenti "pescatori", e dire di passare l'oggetto di cui hanno parlato alla coppia vicina (in senso antiorario) e di prendere quello nuovo che gli viene passato. Inizia, così, una nuova conversazione.

Il numero dei cambi, o meglio dei passaggi di oggetti, è proporzionale al numero delle coppie.

6. Finito il giro, far alzare gli studenti seduti all'esterno del semicerchio (vedi disegno 2) e invitarli ad andare verso il sacco e ad estrarre, senza guardare, un oggetto ciascuno. Parte il secondo giro di conversazioni sui diversi oggetti, intervallate dagli *"Stop! Cambio!"* e dai passaggi dei diversi oggetti da descrivere.

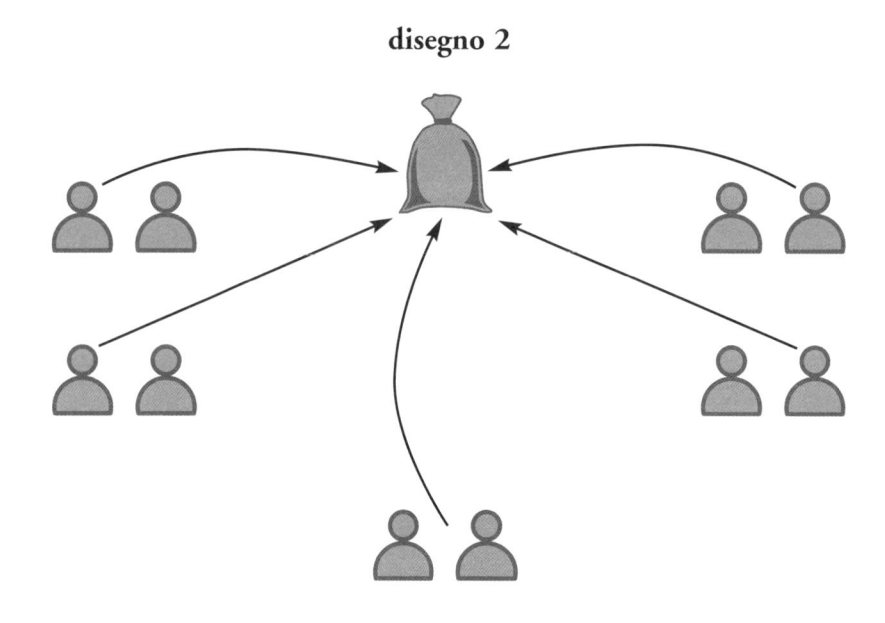

disegno 2

7. Ripetere i punti 4, 5 e 6 fino all'esaurimento degli oggetti.

svolgimento

modalità B
1. Disporre le coppie in semicerchio attorno a un tavolo[4] in modo tale che nessuno studente gli sia di spalle (vedi disegno 3).
2. Mettere un po' di musica rilassante come sottofondo.
3. Mettere il sacco lontano dagli studenti ma in posizione centrale, per terra o su una sedia.

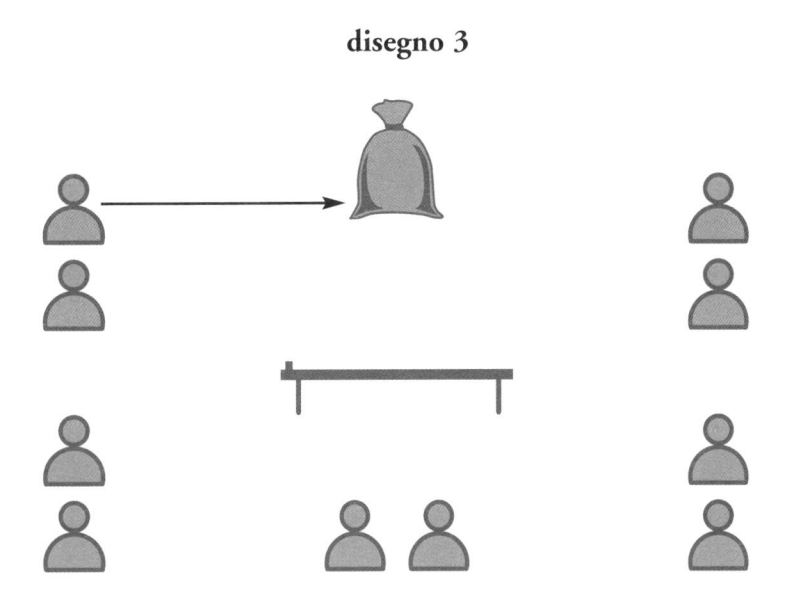

disegno 3

4. Spiegare il funzionamento del gioco. Il primo studente deve alzarsi, andare vicino al sacco e, senza guardare, deve estrarre il primo oggetto. Lo metterà bene in vista sul tavolo e dopodiché tornerà a sedersi al suo posto. Tutte le coppie poi parleranno dell'oggetto pescato.
5. Dare il via.
6. Quando una coppia termina (cioè non parla più o parla d'altro) dire: *"Stop! Vuota il sacco! Secondo oggetto misterioso"* e invitare il secondo studente ad alzarsi e ad andare a rovistare nel sacco per scegliere il nuovo oggetto da descrivere. Lo studente di turno lo mette sul tavolo e si comincia a parlare del nuovo oggetto. Se necessario (se, cioè, una coppia finisce sempre troppo presto di parlare) ribadire che bisogna discutere il più possibile di quell'oggetto, fino a quando non viene pronunciata la parola *"Stop"*.
7. Continuare così fino a quando non ci sono più oggetti da pescare[5].

---

[4]In presenza di banchi si consiglia, prima dell'inizio dell'attività, di disporli lungo le pareti, in modo da avere a disposizione più spazio possibile per le sedie degli studenti.
[6]Se il tempo non è sufficiente si può riprendere l'attività la lezione successiva.

scheda degli indovinelli

allegato 1

indovinelli	nascondigli
Se qualcosa non serve più viene messo dentro di me.	cestino
Se qualcuno ha un bisogno viene da me.	bagno
Sono i nostri "vicini di casa".	classe accanto
Sono famosa a Londra e a Milano, ma ti aiuto anche a portare molte cose.	borsa
Se un significato vuoi scovare proprio me devi sfogliare.	dizionario
In Italia si dice che porti sfortuna cenare in 13 attorno a me.	tavolo
Sto sempre fuori.	balcone
Mi puoi aprire e chiudere e sono anche la terza persona singolare di un verbo al presente.	porta
O mangi la minestra o ti butti dalla…	finestra
C'è chi le scende e c'è chi le sale.	scale
Se la tua voce vuoi riascoltare, vicino a me devi parlare.	registratore
Quando arriva la stagione in cui si va al mare normalmente sono spento.	termosifone
Sono il cugino del quaderno.	libro di testo
Se usi molta carta mi danneggi.	albero
Se c'è un buco perdi i soldi.	tasca
Quello che c'è in me lo hai fatto in classe.	registro
L'albero è un mio antenato.	carta
In estate mi sento un po' inutile.	attaccapanni